La carta escursionistica KO
prende e descrive la maggi
le principali e numerosi isol
nutri, Giglio, Pianosa e Gor
1971, vive soltanto il custo
le tra la penisola italiana e
il passaggio morfologicam
monti sardo-corsici. Narra
re uscì dai cavalloni del ma
si ruppe e cadde nel punt
perficie totale di 223,5 km
costa italiana ed a 27 migl
coronata da una costa fr
mente su 147 km. La dist
lamita, ammonta a 18,2 k
a 27,5 km. L'isola preser
80 km circa di strade par

Nell'ultimo censimento la
l'isola, risultava essere di
vegetazione caratterizzat
orientale si ha un intenso
e vigneti di qualità pregi
In passato l'agricoltura
negli ultimi 25 anni ha s
voratori agricoli. Attualm
tore economico da sem
to delle risorse minerari
a 65 %). Essi vennero e
lamita, dall'epoca etrus
settentrionale dell'isola,
ti a quelli sulla terrafern
tiforni di Portoferraio a
L'estrazione del ferro co ... 70,
quando venne definitivamente interrotta anche per l'esaurimento della magg... dei
giacimenti. Per compensare la perdita di questo importante fattore economico negli anni '60 si iniziò la promozione dell'attività turistica a cui seguirono effetti positivi per i settori edile, alberghiero e commerciale. Nei vent'anni che seguirono Elba si trasformò in un'ambita meta turistica dell'area mediterranea fino agli inizi degli anni '90, quando a causa delle recessione economica la crisi del settore turistico colpì anche l'isola. Gli effetti negativi vennero rinforzati anche dai prezzi molto alti, assolutamente sproporzionati rispetto alle prestazioni fornite, per non tralasciare l'inquinamento acustico, la sporcizia e la parziale penuria di acqua potabile nelle località di villeggiatura e naturalmente anche la concorrenza sempre più forte di altri centri turistici delle isole mediterranee. Questa crisi ed il drammatico calo dei pernottamenti comportarono una svolta decisiva che vede ora il prevalere di un turismo più „dolce", atto a mitigare gli eccessi del passato.

Geologia

Dal punto di vista morfologico l'Elba rappresenta uno dei resti più significativi di un arcaico continente (Tirrenide) che saldava, ai primordi geologici, la Toscana alla Corsica. Geologicamente l'isola d'Elba si può dividere in tre fasce: l'occidentale, intorno al Monte Capanne, la centrale, in direzione NS, compresa fra gli istmi tra Procchio e Marina di Campo e tra Portoferraio ed il golfo di Lacona e l'orientale, nella zona del Monte Calamita e del Monte Serra.

Il **Monte Capanne**, 1009 m, ha un perimetro di ca. 8 km ed ebbe origine forse sette milioni di anni fa movimenti magmatici in profondità. È composto prevalentemente da rocce plutoniche granulose, i cosidetti ortoclasi e plagioclasi. La montagna emerse dal mare durante l'era geologica. A causa dei movimenti tellurici e del conseguente aumento della temperatura interna, l'antica costa rocciosa ha subito profonde modificazioni. Le rocce presenti sono i micascisti, il marmo e le ofioliti verdi. L'azione degli agenti atmosferici diede alle rocce un aspetto caratteristico, talvolta a forma di „elefante", aquila" o „tartaruga". Il Monte Capanne presenta giganteschi pendii scoscesi coperti a N da un fitto bosco, fino ad un'altitudine di 800 m, mentre quelli a S hanno una ben scarsa vegetazione, eccetto qualche vigneto.

Il **territorio centrale** dell'isola è pianeggiante e si è formato con i sedimenti di calcare, argilla ed arenaria nel corso di frequenti inondazioni. Tipiche della zona sono le alture erose di porfido quarzifero (soprattutto nella zona di Capo d'Enfola, Fonza e Portoferraio), porfido che ha influito notevolmente sull'aspetto del paesaggio grazie alla sua durezza ed alla sua resistenza.

Di grande importanza economica furono da sempre i giacimenti minerali nella parte orientale dell'isola, specialmente nella zona di **Rio Marina** e del **Monte Calamita**. Lo spostamento in verticale delle rocce plutoniche ha provocato forti pressioni ed altissime temperature che hanno portato alla metamorfosi delle rocce coinvolte. Si formarono così scisti, gneis e marmo. I minerali sono caratterizzati da un forte metamorfismo e particolarmente duri, ciò che ha comportato le forme erte della superficie. Tra le città di Porto Azzurro e Valdana si trova una formazione plutonica di granito la cui età sembra risalire a 5 milioni di anni fa. In tempi antichi ad Elba veniva estratto anche il rame, ma ora le vene sono praticamente esaurite, eccetto quelle minori di Punta della Calamita.

Degli oltre 150 minerali reperibili nel sottosuolo elbano ricorderemo qui, oltre al già citato ferro, la pirite, l'ematite e l'ematite rossa, la limonite, la magnetite, la malachite, l'ilvaite e diversi tipi di quarzo. All'interno delle rocce granitiche e intrusive si trovano spesso dei cristalli preziosi, come la turmalina, il berillo, l'ortoclasio ed il granato. Quelli più belli si possono trovare però all'interno di rocce filoniane, le cosiddette pegmatiti. Nelle ripidi pareti, nelle cave di pietra e negli scavi di fondazione viene alla luce la roccia del sottosuolo. In questi siti si possono quindi trovare le andesiti, i gabbri, i serpentini e molti altri. Nella zona di Rio Marina, previa richiesta di permesso da inoltrare al municipio, è possibile cercare personalmente minerali ad es. nelle cave di Vigneria, Rialbano e Giove.

Un'eccellente introduzione alla mineralogia viene offerta dal **Parco Minerario Isola d'Elba** con il **Museo dei Minerali Elbani e delle Miniere** nel Palazzo della Concessionaria in **Rio Marina**. Orario d'apertura: luglio e agosto, ore 9.30 - 12.30, 16.30 - 19.30 e 21.00 - 23.00; marzo - giugno e settembre - ottobre, ore 9.30 - 12.30 e 15.30 - 18.30. Il museo organizza inoltre visite guidate alla Miniera di Rio ogni martedì, giovedì e sabato. Per informazioni rivolgersi allo 0565/962088.

A **Firenze** il **Museo Mineralogico dell'Università** espone una collezione di 1000 esemplari provenienti da Elba, raccolti nel XIX sec. dallo scienziato elbano Marcello Foresi. Le caratteristiche più importanti delle rocce e dei minerali sono descritte nella guida naturalistica KOMPASS „Minerali“ (codice editore n. 1206).

Flora e fauna

Data la sua vicinanza alla terraferma l'isola d'Elba presenta una flora mediterranea molto simile a quella continentale, caratterizzata da lecceti e dalla macchia mediterranea. Questi boschi, un tempo molto estesi, sono stati ridotti notevolmente per opera dell'uomo, sia con lo sfruttamento agricolo che con il disboscamento. La macchia invece si è formata in posizioni più umide e più vicine alla costa. È composta da una boscaglia di arbusti con foglie sempreverdi grosse o aghiformi. Le piante più belle della macchia sono il cisto, la ginestra, l'alloro, i cespugli spinosi e le euforbiacee. In primavera la macchia sprigiona intensi profumi che inebriano l'olfatto come quelli degli olii essenziali. La macchia viene considerata una vegetazione sostitutiva degli antichi boschi ora scomparsi. Con l'aumentare della siccità la macchia lascia il posto alla cosiddetta gariga, caratterizzata dalla presenza di suffrutici molto bassi e di molte erbe aromatiche quali timo, rosmarino, menta, origano, salvia e mirto.

Anche la fauna dell'isola d'Elba è molto simile a quella continentale, data la vicinanza alla terraferma. Sulle isole di Elba e di Montecristo si trova l'unica specie di rettile velenoso dell'Arcipelago Toscano, l'aspide. L'arcipelago è un'importante oasi di sosta per gli uccelli migratori in rotta per i lidi più a sud, dove sverneranno, e sulla via del ritorno nell'Europa settentrionale. Nel 1971 l'isola di Montecristo è stata dichiarata riserva naturale ed è visitabile solo con un permesso del Demanio dello Stato. Anche per l'isola d'Elba sono previste misure simili per il territorio di Monte Capanne e la penisola di Calamita.

Clima

Grazie al suo clima subtropico, eccezionalmente mite, caratterizzato da inverni umidi, ed al suo splendido cielo l'isola d'Elba ha conquistato un posto di rilievo nel turismo di massa nazionale ed internazionale. Il clima è più mite che non sulla terraferma e non così caldo come nelle isole più a sud, la Sicilia e la Sardegna. Le temperature medie vanno da un massimo di 30°C ad un minimo di 7°C. D'inverno la temperatura si abbassa raramente sotto lo zero.

Elba è pressoché priva di precipitazioni particolarmente forti, è ciò può significare lunghi periodi di siccità estiva. Le precipitazioni interessano soprattutto i pendii a N e NO delle montagne. Le principali correnti marine provengono da S lungo la costa della terraferma.

Numerosi sono i venti che d'estate rinfrescano l'aria, mentre d'inverno possono provocare forti tempeste. È doveroso menzionarne alcuni: il maestrale, vento freddo e forte da NO, la tramontana, freddo e secco vento da N, foriero del beltempo, il caldo libeccio (o mezzogiorno), da S, ed il caldo e secco vento del deserto, lo scirocco, da SE.

Cure termali ed idropiniche

Oltre ad un'intensa elioterapia, che chiunque può fare a buon mercato nei mesi estivi, è possibile curare alcune affezioni patologiche tramite fangoterapia, che viene effettuata presso lo stabilimento „Terme di S. Giovanni" a Portoferraio. In quella sede vengono praticate cure che riscontrano effetti positivi in esiti dermatologici ed artritici; giovamenti sono riscontrabili anche in casi di acne persistente. Un'azione di particolare efficacia si riscontra nella terapia di fattori artritici, artrosici e reumatici, nelle nevriti e nelle artropatie vertebrali. Le cure idropiniche sono effettuabili con l'acqua oligominerale della „Fonte di Napoleone", presso Poggio nel Comune di Marciana. Quest'acqua regolarmente imbottigliata e commercializzata trova le sue applicazioni nella cura di uricemia, renella, gotta, calcoli renali, malattie del fegato e dolori addominali.

Cenni storici

L'isola d'Elba risulta abitata fin dalla preistoria. I reperti portati alla luce presso Rio Marina, Pomonte e Colle Reciso testimoniano la presenza di insediamenti neolitici.

I Greci diedero all'isola il nome di „Aithalia" („la fuligginosa"), i Romani chiamarono „Ilva" („ferro") l'isola e „Ilvates" i suoi abitanti, probabilmente appartenenti all'area liguresubappenninica delle culture villanoviane. A partire dal 900 a.C. gli Etruschi sfruttarono i giacimenti di ferro dell'isola e trasportarono i minerali ferriferi nelle fonderie di Populonia. Con lo sviluppo della navigazione anche le navi greche e fenice approdarono nei porti naturali dell'Arcipelago Toscano. Nel 474 a.C. la flotta etrusca subì la sconfitta da parte dei Siracusani. A partire dal 246 a.C. i Romani iniziarono la conquista dell'isola d'Elba e lo sfruttamento dei minerali di ferro. Costruirono importanti fonderie, come ad es. „Fabricia", oggi Portoferraio, e „Caput Liberum", oggi Capoliveri. I resti delle ville romane sparsi sull'isola testimoniano l'intensa attività edile delle famiglie patrizie. L'isolamento di alcune isole dell'Arcipelago Toscano indusse i Romani a stabilirvi colonie penali, come ad es. nelle grotte di tufo dell'isola Pianosa, passata ai Cristiani alla fine del III sec., come testimoniano le catacombe nei pressi delle carceri statali costruite all'inizio del XX secolo. Nel 569, dopo che i Longobardi ebbero distrutto Populonia, gli abitanti si rifugiarono sull'isola. Successivamente anche Elba passò sotto il dominio longobardo.

Dal IX sec. in poi le navi arabe resero precaria la navigazione del Mediterraneo, dato che la dottrina islamica perseguiva con acribia la conversione degli „infedeli". Nei secc. XI

e XII la Repubblica marinara di Pisa decise di dichiarare guerra ai pirati e rafforzò i porti di Elba. Pisa approfittò enormemente della posizione strategica dell'isola per combattere i rivali genovesi ed i Saraceni. Nel 1284 l'isola passò ai Genovesi per ritornare ai Pisani solo qualche anno dopo (1309). Dopo la guerra tra Pisa e Genova e le incursioni piratesche, nel 1348 la peste infestò l'isola. Nei secc. XV e XVI l'Arcipelago Toscano fu governato dagli Appiani che richiesero successivamente la protezione spagnola. Nel 1534 il famigerato pirata Chaireddin, detto il Barbarossa, comandante supremo della flotta turca, assalì la località di Rio Marina e ridusse a schiavitù gli abitanti del luogo. Sotto l'impero di Carlo V, nel 1535, fu dichiarata guerra ai pirati di Tunisi e vennero così liberati oltre 20.000 schiavi cristiani. Il governo di Portoferraio passò poi in eredità a re Filippo II che lo vendette al granduca di Toscana, Cosimo I de Medici. Quest'ultimo iniziò ben presto un'intensa attività edilizia come testimoniano le fortezze inespugnabili di Forte Stella e Forte Falcone. In seguito l'isola fu aspramente contesa tra Spagnoli e Francesi. Sull'isola il territorio di Longone, con Rio e la fascia costiera di Marciana e Campo, era sotto il dominio del re di Napoli Ferdinando IV, dei Borboni di Spagna; il territorio comprendente il porto strategico e ben difeso di Portoferraio apparteneva al granducato di Toscana governato dal granduca Ferdinando III di Lorena.
Durante la guerra di successione spagnola (1701-1713) che vide l'Europa contesa tra due contraenti – da un lato i Borboni di Spagna, alleati con la Francia, la Baviera e Colonia e dall'altra l'Impero asburgico, alleato con l'Inghilterra ed i Paesi Bassi – le truppe della monarchia danubiana sbarcarono ad Elba e conquistarono Capoliveri. Il granducato di Toscana, a cui apparteneva anche la signoria di Portoferraio sull'isola d'Elba, negli anni 1733-1738 passò al futuro consorte di Maria Teresa, Francesco I di Lorena, nominato poi imperatore. Nel 1759 il territorio spagnolo di Elba passò al Regno di Napoli, sempre soggetto ai Borboni di Spagna. Poco più tardi la Corsica diventò francese, con grande disappunto degli Inglesi, che temevano di perdere la loro influenza nel Mediterraneo ed occuparono più volte Elba. Solo con la pace di Amiens, nel 1802, venne posto fine ai continui cambiamenti politici assegnando l'intera isola alla Francia. Dal 3 maggio 1814 al 26 febbraio 1815 fu dominio indipendente e residenza di Napoleone. Dopo il riordinamento politico dell'Europa del Congresso di Vienna l'isola d'Elba ritornò al granducato di Toscana. Durante le guerre d'indipendenza numerosi rivoluzionari vennero incarcerati a Portoferraio, Porto Longone e sulle isole minori. Nel 1860 le isole toscane vennero annessse al nuovo Regno d'Italia sotto re Vittorio Emanuele II. Negli anni 1890 e 1893 la filossera distrusse quasi tutti i vigneti costringendo così la maggior parte della popolazione a lasciare l'isola. Per interrompere l'abbandono dell'isola agli inizi del XX sec. si decise di valorizzare l'industria siderurgica. Il provvedimento fu coronato dal successo e fu possibile anche utilizzare mano d'opera della terraferma, nonostante le difficili condizioni di lavoro e la vita di stenti. Il Regno d'Italia continuò a servirsi delle carceri dell'Arcipelago Toscano e ciò valse ad Elba l'appellativo di „isola dei carcerati". Al bombardamento degli altiforni nella II guerra mondiale seguì un ristagno economico che venne interrotto soltanto negli anni '60 con l'incremento dell'attività turistica che ora è la risorsa più importante dell'isola.

Gastronomia e vitivinicoltura

La cucina elbana, genuina ed appetitosa, è determinata dalla posizione geografica in mezzo ad un mare ricco di pesci. Non stupisce quindi se è prevalentemente marinara. Il piatto di pesce più tipico è senz'altro il „cacciucco" a base di polpi, scorfani, seppie, gattuccio e cicale di mare su fette abbrustolite di pane casereccio strofinate con aglio. Tra gli antipasti si raccomandano il riso nero e gli spaghetti alla pescatora. I piatti prin-

cipali come anche gli altri antipasti sono basati su infinite variazioni di preparazioni di pesce: fritto, arrosto, alla griglia, al cartoccio, stufato o lesso. Vale la pena di ricordare anche le aragoste alla griglia, gli spiedini di gamberoni, il polpo lesso o alla cacciatora ed anche le triglie, il dentice ed il nasello. Durante la stagione si raccomandano i piatti di selvaggina. Per chiudere con i dolci tipici ricorderemo la „schiaccia briaca", il „corollo", la „schiacciunta" ed il „castagnaccio", vere leccornie.
La viticoltura viene praticata nella parte occidentale dell'isola ed all'Interno e rappresenta un'importante fonte di reddito. La denominazione di origine controllata (D.O.C.), il gusto ed il corpo dei vini elbani li rendono apprezzati ovunque per la loro raffinatezza. Ricordiamo il Procanino, il Sangioveto, il Rosato ed i rinomati vini Elba Rosso ed Elba Bianco, anch'essi D.O.C. e di eccellente qualità.
Le isole dell'arcipelago producono anche vini da dessert di più alta gradazione alcolica, quali l'Aleatico e il Moscato, come anche l'Elba, uno spumante che si ottiene per fermentazione naturale. Presso Portoferraio ha sede la celebre casa vinicola „La Chiusa di Magazzini" letteralmente circondata da alte mura e sicuramente uno dei più bei poderi vitivinicoli dell'isola. Risale al XVIII sec. ed è di proprietà della famiglia Foresi che ne permette anche la visita. Per informazioni rivolgersi allo 0565/ 93 30 46; orario d'apertura estivo: ore 9.30 - 12, 17 - 19.30 ed invernale: ore 9 - 12. Altre rinomate case vinicole sono ad Acquabuona, Acqua Calda, Geri, La Pianelle e Sapere.

Napoleone I ad Elba

*Il primo esilio di Napoleone (*1769, †1821) ha reso famosa l'isola ma l'ha anche modificata. Le tracce della sua presenza vengono sfruttate commercialmente, anche se il culto di Napoleone da parte degli elbani non è particolarmente sentito, come dimostra la scarsa presenza di fedeli alla messa per il defunto Napoleone che si tiene annualmente il 5 maggio nella Chiesa della Misericordia a Portoferraio. Ricordiamo in breve i fatti che antecedettero l'esilio di 300 giorni ca. del Bonaparte. Nel 1802 le truppe francesi occuparono l'isola d'Elba. Il 2 dicembre 1804 Napoleone incoronò se stesso e la consorte Giuseppina Beauharnais nella Chiesa di Notre-Dame a Parigi, dopo che papa Pio VII ebbe effettuato l'unzione, proclamandosi imperatore dei Francesi. Un plebiscito ad Elba confermò il governo francese con la maggioranza assoluta. Nel 1805 Napoleone diventò anche re d'Italia ed il figliastro Eugenio Beauharnais vicerè. La Repubblica ligure venne annessa alla Francia. Nello stesso anno Napoleone regalò alla sorella il principato di Piombino, in seguito il granducato di Toscana e le altre isole dell'Arcipelago Toscano. Dopo la disfatta in Russia, la sconfitta di Lipsia nel 1813 e l'occupazione di Parigi da parte degli Anglo-Prussiani Napoleone rinunciò alla corona il 6 aprile 1814 a Fontainebleau e gli venne assegnata l'isola d'Elba, su suo espresso desiderio, come principato autonomo. Il suo esilio durò dal 3 maggio 1814 al 26 febbraio 1815. Al suo arrivo a Portoferraio sulla fregata inglese „Undauted" („impavida"), con 700 fanti e 150 cavallieri al suo seguito, egli venne accolto con entusiasmo dalla popolazione. Il periodo trascorso ad Elba Napoleone lo utilizzò per restaurare e modernizzare l'isola. L'economia e l'amministrazione vennero incrementate e ristrutturate, e l'agricoltura arricchita di nuovi prodotti, quali i gelsi per l'allevamento dei bachi da seta, nuovi vigneti per la produzione del vino ed un'intensa coltura di aranci. Vennero anche incrementate l'estrazione del sale e dei minerali. A Napoleone si deve l'obbligo della canalizzazione sull'intero territorio. La vita sociale durante l'inverno venne anche arricchita dalla presenza di Napoleone e del suo seguito, soprattutto della sorella Paolina Borghese. Ma Napoleone, dopo aver festeggiato il suo 45° compleanno il 15 agosto, ambiva ancora al potere ed abbandonò Elba senza suscitare il sospetto dei suoi*

„custodi“ inglesi. Il 1° marzo 1815 sbarcò a Cannes, in Francia, ed iniziò l'interregno dei 100 giorni. Il 20 marzo 1815 entrò a Parigi. La battaglia di Belle-Alliance (Waterloo), il 18 giugno 1815, finì con la vittoria di Blücher e Weelington su Napoleone, che subì una completa sconfitta. Dopo la riconquista di Parigi da parte degli Anglo-Prussiani, per sodare la situazione politica in Europa, il 7 luglio 1815 Napoleone venne imbarcato sulla fregata inglese Bellerophon e portato in esilio sull'isola di S. Elena, nell'Atlantico meridionale, dove scrisse le sue memorie. Morì il 5 maggio 1821, si presume di cancro allo stomaco. La sua salma venne trasportata a Parigi nel 1840 e sepolta nel Duomo des Invalides.

Servizi di navigazione

Le navi-traghetto collegano Piombino ad Elba in un'ora. Nell'alta stagione si raccomanda comunque di prenotare con molto anticipo. Prestano servizi di linea con comode navi-traghetto ed aliscafi da Livorno per Capraia e Gorgona, da Piombino per Elba e Pianosa, da Porto S. Stefano all'Isola del Giglio, le seguenti società di navigazione:

TOREMAR, sede centrale ed amministrativa:
57100 Livorno, Porto Mediceo, tel. 0586/896113, fax 0586/887263
(Call Center al n. 892123. Se chiama da cellulare o dall'estero il n. telefonico è (+39) 02/26302803
Filiali TOREMAR: Call Center: tel. 199123199 • www.traghetti-toremar.com
57030 Cavo, Via Michelangelo 54, tel. 0565/949871, fax 0565/949871
58013 Isola del Giglio, Giglio Porto, tel. 0564/809349
57032 Isola di Capraia, Via Assunzione 18, tel. 0586/905069, fax 0586/905069
57025 Piombino, Nuova Stazione Marittima, tel. 0565/31100 e 0565/226590
58019 Porto Santo Stefano, Piazzale A. Candi, tel. 0564/810803, fax 0564/818455
57037 Portoferraio, Calata Italia 42, tel. 0565/918080 e 960131, fax 0565/914717
57038 Rio Marina, Calata Voltoni 20, tel. 0565/962073, fax 0565/962568
MOBY LINES: Call Center, tel. 892 112, da Piombino a Portoferraio (Isola d'Elba)

Nascita di un nuovo giorno nella rada di Portoferraio
Morgenstimmung in der Bucht von Portoferraio

Elba-Card

La rete di trasporti pubblici è più che soddisfacente. La direzione dell'ATL (Azienda Trasporti Livorno) ha sede a Portoferraio, Viale Elba 20, tel. 0565/914783. Offre informazioni, orari, ed anche i biglietti Elba-Card con validità giornaliera o settimanale.

PROPOSTE D'ESCURSIONE

Alla Chiesa Madonna del Monte e sulla costa occidentale

Si parte da Marciana Alta (C 2). Nei pressi della fortezza pisana inizia il sentiero che passando davanti a 14 cappelle conduce a Madonna del Monte (B 2), il più antico santuario di Elba. Lunghezza: 2 km. Durata: 1 ora ca. Un sentiero escursionistico segnalato attraversa l'interno fino alla costa occidentale, passando per le località di Chiessi (A 3) e Pomonte (A 3). Durata: 3-4 ore.

A San Cerbone e nella Valle di Pedalta

Un bel percorso circolare da Marciana Alta (C 2) all'eremo di San Cerbone (B 3), proseguendo poi per la Valle di Pedalta sotto il monte La Stretta e ritorno a Marciana. Durata: ore 4.30 ca.

Sul Monte Capanne

Numerosi sono gli itinerari che portano sul rilievo (1009 m, C 3) più alto di Elba. Il più corto parte da Poggio (C 2-3), una località sotto il Monte Capanne, ma si può partire anche da Pomonte (A 3), Chiessi o Seccheto (C 3-4). Durata da Pomonte: 2 ore ca. Grado di difficoltà: media.

Sul Monte Perone

Sulla strada tra S. Ilario in Campo (D 3) e Marciana (BC 2) un sentiero di ca. 300 m porta in leggera salita alla cima del Monte Perone (630 m, C 3). Durata: pochi minuti. Stupendo panorama sull'isola!

Alle Piane del Canale

Punto di partenza è la località montana di San Piero in Campo (C 3). Da qui si raggiungono in mezz'ora di cammino le Piane del Canale e si prosegue fino al punto panoramico di Pietra Murata (548 m, C 3) che offre una bella vista sulle isole di Corsica, Pianosa e Montecristo, visibilità permettendo. Attraverso il F.so del Malocci si ritorna sul sentiero n. 35 al punto di partenza. Durata: ore 2-3.

Sentiero che collega la costa settentrionale a quella meridionale

Da Portoferraio (FG 2) ci si dirige verso O lungo la costa alla località di Acquaviva. Da qui si prosegue verso S passando per Serrone delle Cime 258 m, si attraversa la strada tra Portoferraio e Procchio, si costeggia poi Monte Pericoli (E 2) e si continua fino al Monte Tambone. Tra il Monte Tambone ed il Monte Fonza si ha la possibilità di scendere alla costa verso O, passando per il Monte Fonza, Ripa Nera e Segagnana e concludendo a Marina di Campo (D 3) oppure verso E, a Lacona (F 3).

Sul Monte Strega ed il Monte Capannello

I punti toccati da questo itinerario sono nel quadrante H 2.

Punto di partenza di questa escursione di una giornata è Rio nell'Elba. Si può iniziare sulla strada verso Cavo, con una puntata ai ruderi della Torre del Giove, per poi ritornare indietro, oppure si prende il sentiero n. 13, parallelo alla strada, per Bagnaia, fino alla forcella da cui passa il sentiero della Grande Traversata Elbana (GTE), che si segue poi verso S, toccando il Monte Strega, 425 m, il Monte Capannello, 402 m, e la Cima del Monte, 516 m. Tra questi ultimi due monti si trova l'antico Castello del Volterraio (sentieri non segnati). Si ritorna dalla Cima del Monte sullo stesso sentiero fino a Le Panche scendendo quindi per una mulattiera a Rio nell'Elba.

Percorso circolare sul Monte Calamita

Bell'itineraio che da Capoliveri (H 3) passa per le miniere a giorno sul promontorio del Monte Calamita (H 4) e ritorna poi a Capoliveri. Durata: 3 ore.

G.T.E. (Grande Traversata Elbana)

Il percorso G.T.E. parte dalla costa NE (I 1), a N di Cavo (presso la villa romana), e si dirige verso S passando per Monte Grosso, 336 m, Monte Strega, 425 m, Monte Capannello, 402 m, Cima del Monte, 516 m (H 2) e volge poi ad O attraversando l'isola fino al Monte Capanne, 1009 m (C 3). Da qui il sentiero si biforca a S verso Pomonte (A 3) e a NO verso Monte di Cote, 950 m, e La Tabella, 882 m, fino a Patresi (A 2). La lunghezza complessiva della traversata è di 60 km e si può totalizzare in 3-4 giorni di cammino.

PROPOSTE PER ITINERARI IN BICI

Itinerario n. 1

Salita al Monte Perone ad un sentiero panoramico mozzafiato

Dislivello complessivo: 800 m • Lunghezza del percorso: 22,4 km

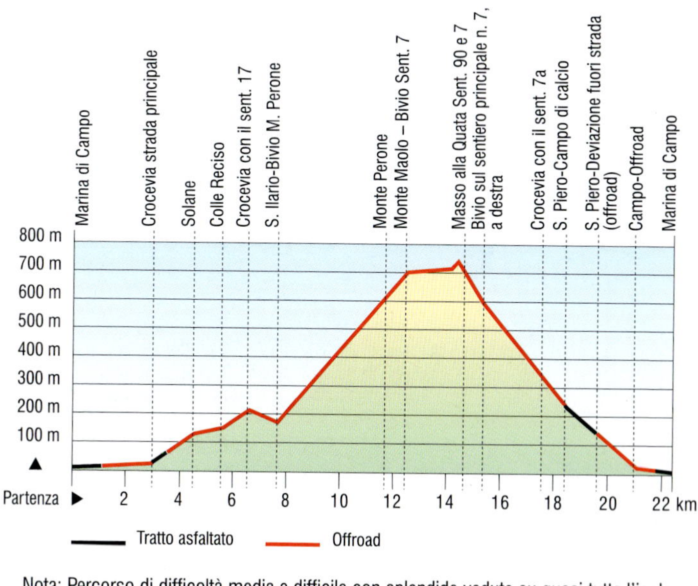

Nota: Percorso di difficoltà media e difficile con splendide vedute su quasi tutta l'isola. Salita al Monte Perone. Difficili passaggi downhill, 19 km offroad.

Partiamo da Viale degli Etruschi raggiungendo la strada principale che a destra porta al Monte Tambone, però dopo un paio di metri attraversiamo il ponte girando a sinistra e proseguendo fuoripista fiancheggiando i canneti lungo l'aeroporto, fino all'incrocio con la strada proveniente da Bonalaccia, ci teniamo sulla sinistra e dopo un breve tratto asfaltato, prima di un ponte si prende a destra di nuovo fuoripista. Attraversiamo la strada che porta a Procchio e dopo un breve tratto asfaltato di ca. 800 m proseguiamo fuoripista sulla direttrice del sentiero n. 11 verso Solane e Colle Reciso. A sinistra, sulla pista a fondo sabbioso in direzione S. Ilario, poco prima dell'abitato imbocchiamo una brusca svolta a destra percorrendo una ripida rampa di cemento in direzione del Monte Perone sul sentiero n. 5. Dopo un centinaio di metri il sentiero n. 5 si trasforma in una splendida pista sabbiosa che per ca. 4 km ci porta da ca. 208 m a più di 630 m sul Monte Perone. Ora attraversiamo la strada di passo asfaltata e proseguiamo sul sentiero n. 5 in direzione Monte Maolo dove, dopo una salita di ca. 500 m, a ca. 710 m di quota, si dirama a sinistra il sentiero n. 7, uno stretto tracciato poco appariscente. Seguendo questo sentiero constatiamo che ci muoviamo su un incantevole tracciato panoramico, della lunghezza di 2 km ca., costantemente a più di 700 m di quota, e che ai nostri piedi si estende tutta la parte centrale ed orientale dell'isola. Oltrepassando a sinistra la diramazione per la salita Calanche, poco prima del Masso alla Quata, giungiamo al nostro sentierino, che a sinistra ci porta in serpentina per il bosco, per ca. 750 m, a quota 600 m ca., fino al sentiero principale n. 7. Ora si prende a destra fuoripista scendendo velocemente fino all'incrocio per S. Piero, a ca. 370 m di quota. L'ultimo tratto del sentiero n. 7, stretto e difficile, ci porta al campo di calcio di S. Piero. Ci lasciamo alle spalle il borgo medievale di S. Piero percorrendo la ripida strada che attraversa l'abitato e torniamo quindi sulla strada principale che poi attraversiamo e per ripidi zigzag arriviamo a Marina di Campo lungo una strada dissestata a fondo ghiaioso.

Itinerario n. 2

Da Chiesa S. Giovanni a Seccheto

Dislivello complessivo: 570 m • Lunghezza del percorso: 29 km

Nota: Percorso di difficoltà facile e media ad ovest dell'isola con fantastiche vedute sul-

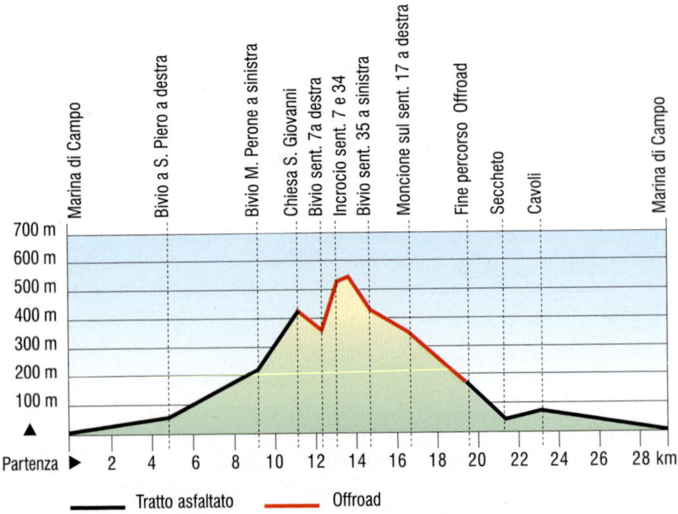

le isole Pionosa e Montecristo. 8 km ca. offroad su sentierini oltremodo panoramici. Ci avviamo con comodo pedalando sulla strada asfaltata in direzione Cavoli per 3,2 km ca. fino alla diramazione a destra per S. Piero. Passato S. Piero, arriviamo alla diramazione a sinistra per il Monte Perone a ca. 203 m di quota. Sulla strada per il Monte Perone, oltrepassando la Torre di S. Giovanni, arriviamo fino alla Chiesa S. Giovanni, da dove direttamente sulla sinistra si dirama il n. 7a, un bel sentierino lungo poco meno di un chilometro, su cui scendiamo fino al sentiero n. 7 proveniente da S. Piero. Ora ci teniamo sulla destra e a ca. 513 m di quota, dopo una dura salita, proseguiamo diritto sul sentiero n. 34 in direzione Pietra Murata. All'incrocio col sentiero n. 30, il punto più alto di questo itinerario, a ca. 523 m di quota proseguiamo diritti ancora per ca. 500 m e scendiamo poi su un sentierino ripido fino a quota 414 m ca. raggiungendo il sentiero n. 35. Scendiamo a sinistra su un sentierino oltremodo panoramico, per ca. 2 chilometri, fino a raggiungere quota 352 m ca. Costeggiamo un vecchio edificio e una cisterna per l'acqua (C. Moncione) e prendiamo a destra il sentiero n. 17, un bel tracciato stretto, che percorriamo per ca. 3 km in direzione Seccheto, raggiungendo quindi la strada asfaltata a ca. 144 m di quota. Scendiamo velocemente in direzione Seccheto facendo attenzione al ripido sbocco nella strada principale. Svoltiamo a sinistra e facciamo ritorno a Marina di Campo, punto di partenza della nostra escursione.

Itinerario n. 3

S. Andrea, un'escursione speciale

Dislivello complessivo: 1200 m • Lunghezza del percorso: 55 km

Nota: Itinerario di una giornata, di media difficoltà, oltremodo vario, con veduta sulle isole Capraia e Corsica. 16 km offroad.

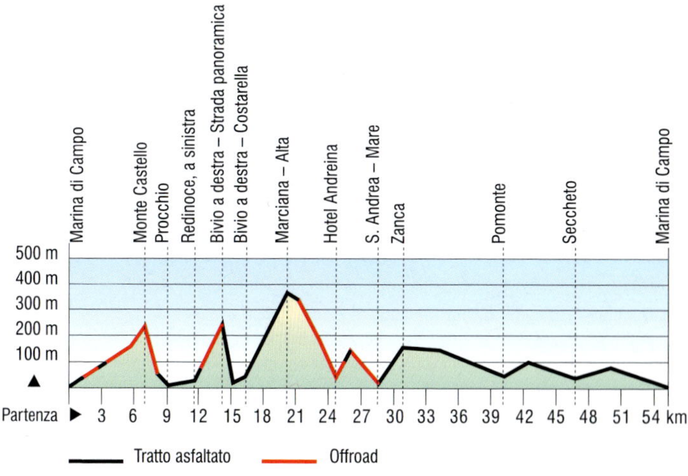

Cominciamo questo itinerario a Marina di Campo e procediamo fuoripista costeggiando l'aeroporto, attraversiamo la strada principale e affrontiamo la salita in direzione Solane e C. Reciso. A ca. 160 m di quota, 200 m prima del grande incrocio del C. Reciso, si dirama a destra il sentiero n. 18, un bel tracciato molto stretto. Dopo aver percorso ca. 1,3 km attraverso il bosco, usciamo dal bosco presso il corridoio di volo dell'aeroporto a ca. 191 m di quota. Ora si sale a ca. 216 m di quota al M. Castello e quindi, dopo una discesa di una certa difficoltà, si arriva alla strada principale per Procchio a ca. 50 m di quota. Proseguiamo fino a Procchio e svoltiamo a sinistra per Marciana Marina. Dopo ca. 2,5 km in una curva a destra molto stretta si dirama a sinistra il nostro sentiero per Redinoce. Dopo un paio di metri dobbiamo procedere di nuovo fuoripista e dopo una ripida salita di ca. 1,5 km, arriviamo ad incrociare presso S. Rita, a ca. 168 m di quota, la strada da Colle Reciso. Ci teniamo sulla destra per ca. 1 km e alla fine di un ripido tratto in cemento arriviamo in curva su una strada asfaltata, su cui scendiamo a destra godendoci alcuni splendidi panorami. Soprattutto la vista sulla baia della Crocetta, dove ci teniamo sulla sinistra, varrebbe bene una breve sosta. Arrivati a Marciana Marina, al distributore Agip proseguiamo a destra giungendo così alla passeggiata del porto, che percorriamo in direzione Torre, tenendoci però sulla sinistra lungo la strada a senso unico e tornando in questo modo alla strada principale per Poggio. Dopo ca. 400 m seguendo i cartelli (Ruotone, Costarella) si dirama per noi a destra la ripida strada fra i vigneti che sale a Marciana Alta. Percorrendo ca. 3,4 km su un dislivello di ca. 300 m, giungiamo alla strada principale e proseguiamo a destra in direzione Marciana Alta - S. Andrea, fino a girare a destra dopo un breve tratto in discesa, raggiungendo così il sentiero n. 07. Dopo un breve tratto fuoripista troviamo sulla sinistra il sentiero n. 08, un tracciato molto stretto in direzione S. Andrea. A ca. 220 m di quota arriviamo ad un incrocio e percorriamo il sentiero n. 08 seguendo l'indicazione La Cala fino all'incrocio successivo a ca. 195 m di quota. Ora si va a sinistra continuando a seguire l'indicazione per La Cala. Attraversiamo una strada in diagonale e seguiamo il nostro sentierino per La Cala oltrepassando l'Hotel Andreina. Dopo 350 m, alla fine di una scala, attraversiamo una sorgente e saliamo nuovamente a 100 m buoni di quota dove, presso una casa con vigneto, troviamo una strada con fondo asfaltato che percorriamo tenendoci sulla destra. Dopo 600 m buoni, in prossimità di un trasformatore e di un traliccio, prendiamo a destra un sentiero molto stretto il cui imbocco presenta qualche difficoltà. Alla fine del sentiero si prosegue ancora per ca. 300 m fuoripista e si scende poi per ca. 1,2 km fino a incontrare la strada principale per S. Andrea - Mare. Passando per Zanca saliamo alla strada principale a ca. 155 m di quota e proseguiamo poi lungo la splendida costa occidentale toccando Patresi, Colle d'Orano, Chiessi, Pomonte, Fetovaia, Secchetto e Cavoli, fino a Marina di Campo e ritorno. P. S. Per salire da Marciana Marina verso Marciana Alta, invece di percorrere la vecchia strada tra i vigneti, si può raggiunge il sentiero n. 08 anche passando per Uccelaia. „Solo per temerari".

Itinerario n. 4

Attraverso l'isola, dal Monte Tambone al Monte Poppe

Dislivello complessivo: 711 m • Lunghezza del percorso: 29,6 km

Nota: Percorso di difficoltà facile e media, nell'entroterra. Splendido panorama verso Enfola e sulla baia di Viticcio e Biodola. Quasi più della metà è offroad.

Per questo itinerario saliamo al Monte Tambone percorrendo la normale strada asfaltata da Marina di Campo fino al parcheggio e all'area di sosta a ca. 261 m di quota presso il monumento. Lì svoltiamo a sinistra fuoripista sulla direttrice del sentiero n. 48, che ci porta a quota 296 m ca. prima di scendere a 236 m ca. all'incrocio con il sentiero n. 7 proveniente dalla Valle Literno. La nostra corsa prosegue a destra sul sentiero n. 48, fino all'incrocio coi sentieri n. 65 e n. 65 GTE. Prendiamo a sinistra seguendo il cartello segnaletico 45, 48, che per un tratto segnala insieme entrambi i sentieri, oltrepassiamo a sinistra l'incrocio col sentiero n. 45, S. Martino e proseguiamo sul sentiero n. 45, 48

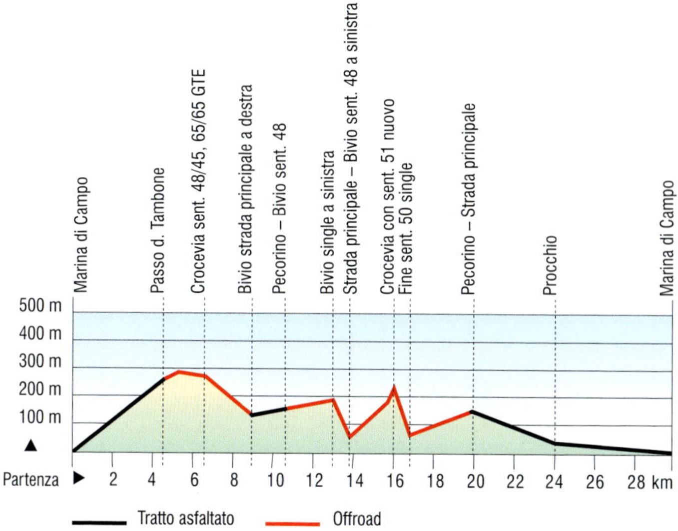

finché, su una radura provocata da un incendio boschivo, il tracciato devia nel bosco con una stretta curva a sinistra trasformandosi in un incantevole sentierino. Questo sentierino lungo ca. 1750 metri, dopo ca. 250 m di percorrenza si separa a sinistra, continuando con il n. 45. A quota 123 m ca. arriviamo sulla strada principale, presso un traliccio della linea telefonica, e prendiamo a destra in direzione Portoferraio. All'incrocio con la strada per Biodola, imbocchiamo a sinistra il sentiero n. 48 su cui procediamo in salita. Dopo aver percorso ca. 2,4 km arriviamo a ca. 192 m di quota, all'incrocio per il Monte Poppe e S. Giuseppe, dove prendiamo prima a destra e, dopo ca. 350 m, a sinistra, su un sentierino impegnativo che, costeggiando l'Hotel Acquaviva, ci porta sulla strada per Enfola. Un breve tratto in asfalto a sinistra e già si devia di nuovo a sinistra fuoripista sulla direttrice del sentiero n. 48. Dopo 2 km scarsi in salita, un po' prima della diramazione per il Monte Poppe, il nostro itinerario ci porta a destra sul vecchio sentiero n. 51, un tracciato molto stretto che dopo 200 m ca. sbocca nel nuovo sentiero n. 51. Ci teniamo sulla sinistra e su un sentierino veloce scendiamo rapidamente da 223 m a 100 m ca. fino al crocevia dei sentieri n. 51, 49, 50. Si prosegue nella stessa direzione sul sentiero n. 50, che dopo ca. 400 m da sentierino si trasforma in un fuoripista, e dopo altri 300 m arriviamo ad un cancello in ferro, ma non temete, gli mancano un paio di sbarre e niente ostacola la nostra corsa. Da Scaglieri si sale poi su fondo asfaltato fino alla strada principale, che a destra ci porta a Procchio e quindi a Marina di Campo.

Itinerario n. 5

Salita al Monte S. Martino e al Monte Barbatoia lungo la Valle Literno e ritorno per Laconella

Dislivello complessivo: 635 m • Lunghezza del percorso: 24,7 km

Nota: Splendido percorso con fantastici panorami. Sono necessarie ottime condizioni fisiche e molta abilità nelle discese. Solo 6,5 km di asfalto!

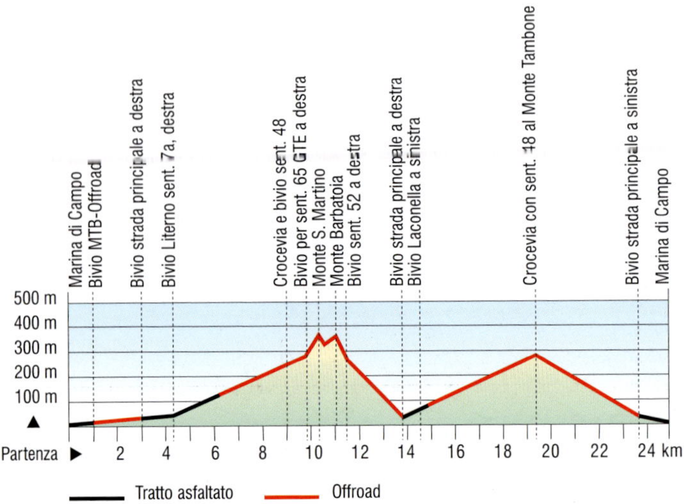

Cominciamo questo itinerario allo stesso modo dell'itinerario n. 1, tuttavia, quando arriviamo sulla strada principale che porta a Procchio, andiamo a destra fino alla diramazione, e poi di nuovo a destra imboccando la Valle Literno, sul sentiero n. 7. Quando il nostro sentiero n. 7 incrocia il sentiero n. 44 GTE e il sentiero n. 48, proveniente da Monte Tambone, ci teniamo sulla sinistra proseguendo sul sentiero n. 48. All'incrocio successivo coi sentieri n. 45 e n. 48 ci teniamo sulla destra e svoltiamo sul sentiero n. 65 GTE, uno splendido tracciato molto stretto, passando per il Monte S. Martino, 365 m, e il Monte Barbatoia, 360 m, che ci ripagano con viste grandiose. Una breve discesa ci conduce ora alla diramazione col sentierino n. 52 che si stacca sulla destra, grazie al quale possiamo concludere questo impegnativo itinerario senza quasi toccare l'asfalto. Questo sentierino ci porta per ca. 2,4 km a Lacona, sulla strada principale, da dove si prende prima a destra e, dopo poche centinaia di metri, a sinistra, per Laconella. Siamo ora sul sentiero n. 47, un'ulteriore sfida per gli appassionati di MTB che – con salite in parte pesanti – ci porta in direzione Tambone lungo un tratto di 6 km, a ca. 285 m di quota. Ora comincia per noi una discesa difficile e pietrosa, che dopo 4,3 km ci porta all'incrocio con la strada principale, dove prendiamo a sinistra per Marina di Campo.

Itinerario n. 6

Giro del Monte Calamita

Dislivello complessivo: 1292 m • Lunghezza del percorso: 65,25 km

Nota: Splendido percorso al M. Calamita. Downhill pesante, altrimenti difficoltà da facile a media. Offroad per un terzo del percorso.

Da Marina di Campo percorriamo la normale strada asfaltata in direzione Capoliveri passando per Tambone e Lacona. Al secondo cartello indicatore „Camping Europa" svoltiamo a destra e arriviamo sulla strada principale per Capoliveri, a ca. metà altezza. Giunti a Capoliveri, alla rotatoria prendiamo la diramazione per „Miniera", la quale dopo circa un chilometro da strada asfaltata si trasforma in un fuoripista. Restiamo su questa

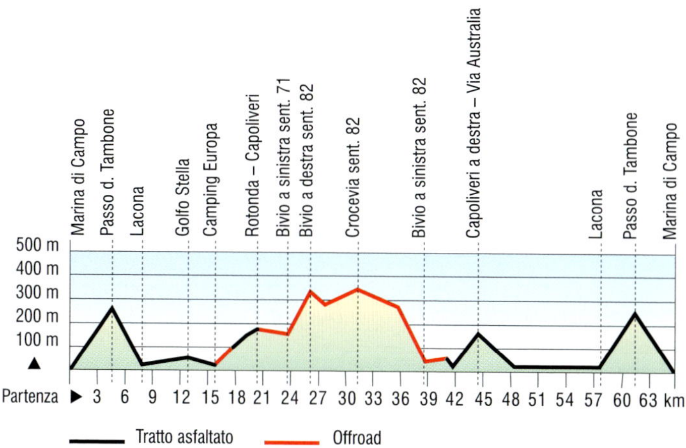

splendida strada panoramica fino a raggiungere la diramazione a sinistra col nostro sentiero n. 71. Per ca. 2,3 km saliamo ora da 165 m a ca. 340 m arrivando al sentiero n. 70. Lo attraversiamo e, dopo una ripida salita di 250 m, arriviamo sul sentiero n. 82. Prendiamo a destra e dopo ca. un chilometro, all'incrocio principale, andiamo di nuovo a destra sul sentiero n. 70, ritornando indietro di ca. 3,5 km, passando l'incrocio col sentiero n. 71 fino ad incrociare il sentiero n. 82. Procediamo ora sul sentiero n. 70, percorso pieno di curve, per 4 km buoni, tornando al grande incrocio a ca. 290 m di quota. Ora svoltiamo a sinistra sul sentiero n. 71, percorrendo un tratto di dura discesa che per 2,5 km ci porta da 290 m a ca. 36 m di quota. Arriviamo sul sentiero n. 82, ci teniamo sulla sinistra e dopo ca. 2,6 km arriviamo ad uno sbarramento dove termina il percorso fuoripista. Procediamo sulla strada asfaltata e, dopo ca. 3,5 km, ci ritroviamo di nuovo a Capoliveri. Ora torniamo a Marina di Campo sullo stesso percorso dell'andata.

Monte Enfola con il Golfo di Viticcio/Monte Enfola mit Golfo di Viticcio

DESCRIZIONE DELLE LOCALITÀ

I numeri di telefono e di fax delle Associazioni Turistiche, dei Comuni o delle Agenzie di viaggio sono riportati a pag. 54

CAMPO NELL' ELBA D 3

Comune, Prov. Livorno, abitanti: 4400, altezza s.l.m.: 0-905 m, CAP: I-57034. **Informazioni:** Municipio e Ufficio Informazioni. **Stazione ferroviaria**: Piombino (37 km) sulla terraferma. **Aeroporto:** in località La Pila.

Il Comune di Campo nell'Elba, costituito da diverse frazioni (San Piero in Campo, Sant'Ilario, La Pila, Cavoli, Fetovaia, Seccheto, Marina di Campo e l'isola di Pianosa), si estende a SO dell'isola in posizione amena sulle pendici SE del Monte Capanne e del pittoresco golfo omonimo. La sede del Comune si trova a **Marina di Campo**, una delle località marine più frequentate di Elba, grazie alle sue lunghe spiagge.

Curiosità del luogo e dei dintorni

Le rovine della pittoresca chiesa di **San Giovanni in Campo** (in località Sant'Ilario in Campo) sono ridotte alle semplici mura esterne. Si trovano sulla strada per **Monte Perone**, 630 m, monte ricoperto da vaste pinete con uno splendido panorama sull'intero arcipelago e sulla costa tirrenica. Poco distante dalla chiesa si trova l'eremo di San Giovanni, VII sec. Sotto i ruderi della chiesa si erge sopra un gigantesco blocco granitico la **Torre di San Giovanni**, la cui costruzione risale al dominio della Repubblica marinara di Pisa, XI sec. In località Marina di Campo, sul promontorio occidentale dell'omonimo golfo si trova la **Torre della Marina**, d'epoca pisana, ristrutturata nel XVI sec.

Camminate ed escursioni

Sul Monte Perone, 630 m. – Sul Monte Poro ed alla Punta Bardella. – Sul sentiero lungo la costa al punto panoramico di Casa Ischia. – Su un antico sentiero a Lacona, verso E.

CAPOLIVERI H 3

Comune, Provinz Livorno, abitanti: 2600, altezza s.l.m.: 165 m, CAP: I-57031. **Informazioni:** Municipio. **Stazione ferroviaria:** Piombino (37 km) sulla terraferma.

Capoliveri giace a SE dell'isola, sulla penisoletta di Calamita famosa da sempre per la ricca presenza di minerali ferrosi ed altri. Tali giacimenti sono rintracciabili su tutta la costa orientale dell'Elba, da Capo Vita a N fino a Punta della Calamita a S. Sembra confermato che la località sia stata costruita sui resti di un insediamento di schiavi romani, dato che già in epoca romana era conosciuta come „Caput Liberum". In quei tempi gli abitanti del luogo offrivano rifugio ai perseguitati dalla legge. Ai nostri giorni la pittoresca località è un tranquillo paesino di minatori con un interessante centro storico ed un ricco intreccio di vicoli. Quando la visibilità è buona lo sguardo può spaziare dalla piccola piazza alle isole di Montecristo, Pianosa e Giglio.

Curiosità del luogo e dei dintorni

A N di Capoliveri, in un cimitero abbandonato, sono i resti di una piccola cappella romana, **S. Michele** (XII sec.). Testimonia l'unica costruzione rimasta dal tempo dell'occupazione pisana nella zona di Capoliveri. Nel 1376, durante il suo soggiorno sull'isola, papa Gregorio XI celebrò qui la santa messa. Il piccolo **Santuario della Madonna delle Grazie** risale al XVI sec. La chiesetta a croce latina presenta una volta a cupola decorata con piastrine in stile orientale. Sull'altare si trova la statua di una Madonna miracolosa che si ritiene opera della scuola di Michelangelo o di Raffaello. La chiesa è quasi sempre chiusa. Poco più a N di **Lacona** si trova il piccolo **Santuario della Madonna della Lacona** del XVI sec. Lungo la strada da Lacona per Marina di Campo, presso i resti di un antico mulino, si trovano gli **scavi archeologici** dove sono stati portati alla luce reperti preistorici ed etruschi di forni di fusione. Il **Museo „Alfeo Ricci"** offre una buona panoramica dei minerali presenti sull'isola.

Passeggiate ed escursioni

Sul Monte Calamita, 412 m, il rilievo più alto dell'omonima e frastagliata penisoletta, ricco di miniere di ferro. – Da Lacona si può raggiungere Capo Fonza, in due ore ca., lungo il lato occidentale del golfo a ferro di cavallo di Lacona. Capo Stella, all'estremo orientale del golfo, è anche raggiungibile nello stesso tempo.

MARCIANA — BC 2

Comune, Prov. Livorno, abitanti: 2200, altezza s.l.m.: 375 m, CAP: I-57030. **Informazioni:** Municipio. **Stazione ferroviaria**: Piombino (45 km) sulla terraferma. **Impianto di risalita**: Cabinovia sul Monte Capanne.

Marciana fu originariamente una località montana dalla cui strada, ripida e tortuosa, si può godere uno stupendo panorama sui dintorni, fino alla costa settentrionale ed alla cima del Monte Capanne. Marciana e la zona del Monte Giove sono considerati gli insediamenti più antichi di Elba, già abitati in tempi preistorici. Il nome della località risale alla fondazione romana di Marcius. Dopo il dominio della Repubblica marinara di Pisa, dal 1399 al 1634 Marciana venne scelta come residenza dagli Appiani che governavano la parte occidentale dell'isola. Il paesino giace sulle pendici settentrionali del Monte Capanne, 1009 m, il rilievo più alto dell'isola d'Elba. Gli stupendi castagneti plurisecolari nel territorio di Marciana servirono alla popolazione per sfamarsi durante le carestie. Il centro di Marciana non è transitabile con le autovetture in quanto presenta numerose stradine a scala abbellite da ortensie. Si trova sulla strada che collega due importanti settori costieri attraverso il Monte Perone. Del Comune fanno parte anche le località di Poggio, Procchio, Sant'Andrea, Patresi, Chiessi e Pomonte.

Relax sulla spiaggia di Procchio/Erholung am Strand von Procchio

Curiosità del luogo e dei dintorni
La **Fortezza** venne costruita nel XII sec. durante il dominio pisano ed offrì alla popolazione rifugio al tempo delle incursioni piratesche. Nei pressi della fortezza si trova anche l'**Antiquario Comunale** con notevole materiale archeologico della zona. La **Chiesa di S. Lorenzo** è un edificio romanico distrutto nel 1554 dai Turchi. Oggigiorno la chiesa è un monumento nazionale e viene ritenuta la più antica costruzione dell'isola. Il **Santuario di Madonna del Monte**, del 1595, giace su un pendio del Monte Giove alla fine di un sentiero di pellegrinaggio con le 12 stazioni della Via Crucis. All'interno la chiesa custodisce alcuni interessanti voti. Nella tarda estate del 1814 anche Napoleone si intrattenne due giorni nel vicino eremo della chiesa, in compagnia della contessa Walewska. Il 15 agosto a Marciana ha luogo un pellegrinaggio lungo la Via Crucis al santuario. Poco distante, sulla strada tra Poggio e Monte Capanne, è situata anche la **Chiesa di San Cerbone**, antico oratorio. Il ridente paesino di **Poggio** giace sulle pendici del Monte Capanne, immerso tra l'ombra dei castagneti. Sulla piazza la **Chiesa di San Niccolò**, del VII sec., venne rinforzata nel XVI sec. con opere murarie a difesa dalle incursioni piratesche. Vale la pena di fare un salto anche alla **Chiesa San Defendente** (XVI sec.), purtroppo spesso chiusa. A poca distanza dall'abitato si trova la **Fonte di Napoleone**, ancora oggi sfruttata a fini commerciali. Celebri località marine sono le frazioni di **Chiessi**, **Pomonte**, **Patresi** e **S. Andrea**, sulla costa occidentale e **Procchio**, sulla strada per Portoferraio. Da Procchio si raggiungono sul Monte Castello i **ruderi delle mura** di un antico insediamento etrusco che venne rinvenuto sotto il lastricato romano. L'insediamento serviva a difendere la Piana di Campo e nei forni veniva estratto il ferro.

Escursione
Sul Monte Capanne, 1009 m, soprannominato la „terrazza dell'Arcipelago Toscano" grazie al fantastico panorama. Durante la stagione estiva lo si può raggiungere in cabinovia oppure a piedi, partendo da Marciana o Poggio.

MARCIANA MARINA C 2

Comune, Prov. Livorno, abitanti: 1850, altezza s.l.m.: 3 m, CAP: I-57033. **Informazioni:** Municipio. **Stazione ferroviaria**: Piombino (39 km) sulla terraferma.

Marciana Marina si trova a 18 km ad O di Portoferraio sull'omonimo golfo ed è accessibile su una bella strada costiera molto panoramica. La località venne costruita originariamente come porto per Marciana Alta, poi conobbe un notevole sviluppo alla fine delle incursioni piratesche nel XVII sec. e nel 1884 diventò centro comunale.

Curiosità del posto e dei dintorni
La **Torre Medicea o Saracena**, bella costruzione cilindrica, è l'emblema del porto di Marciana Marina. Questa torre, unitamente alle altre sparse lungo la costa, faceva parte di un sistema di avvistamento per segnalare tempestivamente alla popolazione il pericolo di incursioni piratesche. È dato per certo che venne costruita dalla Repubblica pisana, XII sec., anche se alcuni la considerano una costruzione medicea. L'accesso alla torre è leggermente elevato. Sulla piazza centrale si trova la **Parrocchiale di S. Chiara**. Da qui parte la statua della Santa che il 12 agosto di ogni anno viene portata in processione al porto.

Passeggiate ed escursioni
Lungo la costa e nell'entroterra.

PORTO AZZURRO H 3

Comune, Prov. Livorno, abitanti: 2950, altezza s.l.m.: 2 m, CAP: I-57036. **Informazioni:** Municipio; Agenzia Viaggi Mantica, Piazza Matteotti 13; Ufficio Turistico Arrighi, Banchina IV Novembre 23. **Stazione ferroviaria**: Piombino (34 km) sulla terraferma.

Porto Azzurro è il secondo porto più importante dell'isola dopo Portoferraio. Fino al 1947 era chiamato Porto Longone, ma fu cambiato in Porto Azzurro per non essere più collegato al carcere omonimo, situato nella fortezza dal 1858. Dire „andare a Porto Longone" in italiano significa „andare in carcere" e ciò veniva considerato una grave pecca per il buon nome della città. L'azzurro profondo delle acque sullo sfondo dei colli boscosi fu il motivo della scelta di questo nome ben più leggiadro e più gradito alle orecchie dei turisti. I ristoranti con specialità di pesci, edificati sui trampoli lungo il porto, sono la caratteristica più saliente di questa località di pescatori, la più tipica dell'isola.

Curiosità del luogo e dei dintorni

Fortezza di Portolongone (Forte di Longone), sul promontorio ad E dell'abitato, venne eretta nel 1603 da Filippo III di Spagna su disegno di Don García di Toledo. Le massicce mura dietro al fossato ricordano la cittadella di Antwerpen. Nel 1858 venne trasformata in colonia penale, tuttora in funzione, ed è così la più grande in ordine di superficie di tutta l'Italia. Sul porto giace la bella **Piazza Matteotti**, poco distante la **Parrocchiale** e lì accanto la **Cappella del Santo Cuore di Maria**, costruita nel 1727 dallo spagnolo Diego d'Alarcon. La **Piccola Miniera**, attrazione turistica che ricorda la tradizione estrattiva di Elba. È costituita da una galleria di 250 m corredata da oggetti originali. Nei negozi di minerali sulla strada si possono acquistare begli esemplari della zona.
A S del golfo di Mola si erge **Forte Focardo**, fatto costruire nel 1678 dall'allora governatore spagnolo Don Ferdinando Gioacchino Foscardo. Col tempo la „s" andò perduta. Attualmente la fortezza è amministrata dalla Marina Militare e non è aperta al pubblico. Ad E di Porto Azzurro si trova la pittoresca **Spiaggia del Barbarossa**. Il **Santuario della Madonna di Monserrato**, sotto Monte Castello, ad un km ca. da Porto Azzurro sulla strada per Rio Marina, venne fatto costruire nel 1606 dal governatore spagnolo di Porto Longone, José Ponce de Leon. Conserva all'interno la perfetta riproduzione della Madonna Nera che si venera a Montserrat, a 60 km ca. a NO di Barcellona. Ogni anno, l'8 settembre, si celebra la festa della Madonna Nera. Interessante è anche il **Laghetto di Terranera**, a NE di Porto Azzurro, il cui verde è dovuto ad infiltrazioni di acque sulfuree e che si è creato sul giacimento a giorno di pirite, abbandonato, grazie all'apporto di acqua sorgiva.

Passeggiata

Al Santuario della Madonna di Monserrato.

PORTOFERRAIO FG 2

Comune, Prov. Livorno, abitanti: 11900, altezza s.l.m.: 4 m, CAP: I-57037. **Informazioni:** Azienda di Promozione Turistica dell'Arcipelago Toscano, Calata Italia 26. **Stazione ferroviaria**: Piombino (20 km) sulla terraferma.

È il capoluogo dell'isola d'Elba. Sorge sull'estrema punta del promontorio che chiude a N la magnifica rada a cui la città dà il nome. I Romani lo chiamavano „Fabricia" ed era un ambito porto che offriva una protezione naturale alle navi romane. Successivamente il nome venne cambiato in „Ferraia". Nel XVI sec. la città diventò la „Cosmopoli" medicea in onore del granduca Cosimo I. Nel 1548 iniziarono i lavori per la costruzione delle due notevoli fortezze di Forte Stella e Forte Falcone ultimate nel 1552. Durante l'esilio a Portoferraio, Napoleone si fece costruire la Villa Mulini, promosse la costruzione di nuovi collegamenti stradali e rivitalizzò l'attività estrattiva. Alla fine del XIX sec. gli altoforni incrementarono notevolmente lo sviluppo della regione che fu però interrotto quando essi vennero bombardati durante la II guerra mondiale. Iniziò dunque un lungo periodo di migrazione che fu possibile arrestare soltanto con lo sviluppo dell'attività turistica.

Curiosità del luogo e dei dintorni

L'antica **Darsena** a ferro di cavallo è costeggiata da una bella passeggiata. In fondo al porto si trova la **Torre della Linguella**, del 1548, chiamata anche Torre del Martello per la sua forma. Nell'antica salina ha sede il **Museo Civico Archeologico** che raccoglie numerose testimonianze della storia locale dall'VIII sec. a.C. al II sec. d.C. Di particolare interesse è anche la **villa romana** sul mare, con resti di mosaici sotto le mura. Attraverso **Porta del Mare**, situata esattamente al centro del porto, si accede al centro storico. Si possono scorgere tuttora resti delle mura medicee che cingevano la città. Sul lato E della lunga Piazza Cavour si trovano il mercato de **Le Galeazze**, l'antico arsenale della Marina ed il deposito della flotta toscana. Meritevole è il cortile interno del **Palazzo Comunale**, ricco di lapidi ed epigrafi marmoree. Al 2° piano ha sede la **Biblioteca Comunale Foresiana**, con 27000 volumi riguardanti la storia dell'isola. Sulla bella Piazza Repubblica davanti al Palazzo Comunale Napoleone fece esercitare la sua armata di 1000 uomini e la piazza si chiamava allora Piazza d'Armi. Nei pressi del Palazzo Comunale si trova la **Chiesa del SS. Sacramento**, costruita nel 1551 dai Medici e gravemente danneggiata durante la II guerra mondiale. La **Parrocchiale**, XVI sec., e venne abbellita con una facciata rosso-arancione nel XVIII sec. ispirata alle chiese rinascimentali fiorentine. L'antico convento francescano è del XVI sec. e nel XVII sec. venne utilizzato come caserma. Oggi ospita la sede del **Centro congressuale Comte de Laugier**, dal nome di un ufficiale della Guardia di Napoleone, e della **Pinacoteca Foresiana**, l'unica pinacoteca di Elba, donata nel 1914 da Mario Foresi al Comune di Portoferraio. Comprende 500 opere prevalentemente del XIX sec. Dato che il restauro dell'edificio non è ancora stato ultimato (1998) 300 dipinti sono custoditi nel magazzino. A pianoterra vengono allestite diverse mostre temporanee. La **Chiesa della Misericordia**, costruita nel

Rada di Portoferraio/Bucht von Portoferraio

1677, fu trasformata in teatro pubblico da Napoleone fino all'ultimazione del Teatro dei Vigilanti. Accanto alla chiesa è allestito un piccolo **Museo Napoleonico** con alcuni oggetti commemorativi quali la maschera della mano e la maschera mortuaria del Bonaparte, la bandiera originale dell'imperatore ad Elba con le tre grandi api dorate. Le imponenti moli delle fortezze medicee di **Forte Falcone**, **Forte Stella** e **Forte Linguella** testimoniano l'importanza strategica dell'isola e dell'intero arcipelago. Forte Stella, ad E, ha una pianta „a stella a 5 punte" e fu il quartiere della guardia napoleonica dal 1814 al 1815. Da qui si giunge alla **Palazzina dei Mulini**, la residenza invernale di Napoleone, con bella vista sul mare. All'interno un museo custodisce vari oggetti commemorativi e l'arredo originale con la biblioteca di Napoleone. Forte Falcone è sede della Marina Militare ma i bastioni e le mura di difesa sono accessibili al pubblico ed offrono un bel panorama sulla città.
A 5 km da Portoferraio si trova la **Villa di S. Martino**, nell'omonima valle, anch'essa legata a Napoleone che regalò la semplice casa colonica alla sorella Paolina. Al primo piano si trovano otto belle stanze con numerosi dipinti, affreschi e altri oggetti d'epoca. Accanto alla villa **Palazzo Demidoff** e la Galleria che fino a poco tempo fa ospitava una collezione di dipinti. Il biglietto d'ingresso vale per entrambi gli edifici. Dalla villa parte una stradina che conduce agli **scavi archeologici** sul Colle S. Martino, dove sono stati ritrovati reperti del 1000 a. C. Le **Chiese della Reverenda Misericordia** e del **Santissimo Sacramento** sono ricche di preziose opere d'arte. In località **Le Grotte** si trovano i resti di una **villa romana** del periodo imperiale. In località Magazzini, sull'areale del Camping Rosselba Le Palme, si trova il più bel parco dell'isola, il **Giardino di palme Ottone**. Venne allestito nel 1910 su una superficie di 2 ha e raccoglie numerose piante esotiche dell'Africa, dell'America Latina e dell'Asia. L'attrazione turistica della località di **Acquabona** è il campo da golf a 9 buche, ben attrezzato. Le frazioni di **Scaglieri** e **Biodola** sono località balneari molto frequentate. Si consiglia una gita a **Campo d'Enfola** per il magnifico paesaggio che offre con la costa strapiombante.

Escursioni

Sul Colle Reciso, 327 m, e sul Monte Orello, 349 m, punti panoramici di notevole interesse.

RIO MARINA I 2

Comune, Prov. Livorno, abitanti: 2700, altezza s.l.m.: 10 m, CAP: I-57038. **Informazioni:** Municipio. **Stazione ferroviaria**: Piombino (46 km) sulla terraferma.

La località si trova sulla costa orientale dell'isola. Ha potuto conservare fino ai nostri giorni il suo carattere medievale. Un tempo fungeva da porto di Rio nell'Elba, che venne costruito in montagna a difesa dalle scorribande saracene. Fino al 1982 i minerali ferriferi venivano imbarcati dal porto di Rio Marina per Piombino.

Curiosità del luogo e dei dintorni

La **Torre Cinquecentesca**, a pianta ottagonale, alta 30 m, veglia sul porto. Venne costruita nel 1534 dalla famiglia degli Appiani, a difesa della località. La torricella dell'orologio venne aggiunta nel 1882. Nel Palazzo della Concessionaria ha sede il **Parco Minerario Isola d'Elba** con il **Museo dei Minerali Elbani e delle Miniere**. Orario d'apertura: luglio e agosto, ore 9.30 - 12.30, 16.30 - 19.30 e 21.00 - 23.00; marzo - giugno e settembre - ottobre, ore 9.30 - 12.30 e 15.30 - 18.30. Il museo organizza inoltre visite guidate alla miniera abbandonata di Rio Marina. Per informazioni rivolgersi allo 0565/962088. – La **Torre del Giove**, costruita nel 1460 sull'omonimo rilievo, serviva per segnalare in tempo l'arrivo dei pirati. Nelle dirette vicinanze di Rio Marina sono presenti numerose **miniere** visitabili previa richiesta di permesso presso la direzione della Italisider a Rio Marina. In località **Cavo**, si possono vedere i resti di una **Villa romana**, anche se non così riccamente corredati come quelli della **Villa romana delle Grotte** a Portoferraio, pur se dello stesso periodo (I sec. d.C.). Un'epigrafe sull'entrata alla località ricorda il soggiorno di Garibaldi nel 1849.

Passeggiata

Sul Monte Giove, 351 m, all'omonima torre. Dal parcheggio sulla strada un sentiero conduce in un buon quarto d'ora alla torre circondata dalla macchia mediterranea.

RIO NELL'ELBA H 2

Comune, Prov. Livorno, abitanti: 900, altezza s.l.m.: 178 m, CAP: I-57039. **Informazioni:** Municipio. **Stazione ferroviaria**: Piombino (44 km) sulla terraferma.

In una posizione incantevole nel centro della zona dei giacimenti, Rio nell'Elba è una località dal passato ricco di storia. Si è trasformata col tempo in una delle mete di soggiorno e di gita più frequentate di Elba.

Curiosità del luogo e dei dintorni

Sulla **Parrocchiale di S. Quirino** si possono ancora riconoscere i contrafforti del XVI sec. La chiesa venne invece costruita nell'XI sec. dai Pisani e fu distrutta più volte durante dei saccheggi. L'**Eremo di S. Caterina** sta ai piedi del Monte Serra ed è facilmente accessibile dal paese. La **Torre del Giove** è situata sull'omonimo monte e venne costruita nel 1460 per segnalare in tempo l'arrivo dei pirati. Sopra la strada che collega Magazzini a Rio nell'Elba si trovano i ruderi del **Castello del Volterraio**, costruito nel 1284 dai Pisani a difesa della popolazione dalle frequenti scorribande piratesche. Ottimo panorma su Portoferraio.

Passeggiate ed escursioni

Sul Monte Capannello, 402 m, e sulla Cima del Monte, 516 m. Tra i due rilievi passa la strada per Magazzini che si biforca poi per il Castello del Volterraio, 395 m, torre caratteristica in bella posizione, riconoscibile da lontano. Si consiglia prudenza nella salita, dato che senza calzature adeguate si rischia di scivolare facilmente sul sentiero. In piena estate si consiglia questo giro nelle prime ore del mattino o nel tardo pomeriggio, per risparmiarsi un'inutile sudata nelle ore più calde.

MERCATI SETTIMANALI AD ELBA

I seguenti mercati settimanali offrono una vivace rassegna dei prodotti stagionali dell'isola e meritano una visita: Lunedì a Rio Marina • Martedì a Marciana Marina • Mercoledì a Marina di Campo • Giovedì a Procchio e Capoliveri • Venerdì a Portoferraio • Sabato a Porto Azzurro

ALTRE METE PER UNA GITA SULL'ISOLA

Grazie alla sua posizione centrale nel Mar Tirreno e la poca distanza dalla terraferma, l'isola d'Elba si presta come base di partenza per interessanti gite di una giornata. In stagione c'è la possibilità di una gita con il traghetto o il servizio di linea per **Bastia,** in **Corsica**. Da Piombino si possono visitare le città della Toscana, ricche di storia e di opere d'arte. Di notevole interesse artistico è la **Necropoli di Populonia**, nello stupendo **golfo di Baratti** di fronte all'isola d'Elba, sovrastata da un castello medievale. **Punta Ala**, tra Follonica e Castiglione della Pescaia, offre allo sportivo svariate possibilità (vela, equi-

Veduta di Rio nell'Elba/Blick auf das Dörfchen Rio nell'Elba

tazione, tennis). A pochi chilometri da Grosseto i resti di **Vetulonia** e di **Roselle** stanno a testimoniare il passato etrusco della zona. Poco sotto Grosseto, tra il mare e la piana della Maremma, i **Monti dell'Uccellina** racchiudono una riserva naturale di incomparabile bellezza a cui si può accedere però soltanto con un permesso (v. carta KOMPASS limitrofa, foglio n. 651 „Maremma – Argentario – Grosseto – Isola del Giglio"). Se si prosegue sull'Aurelia verso S, oltrepassando **Talamone**, con le sue feste caratteristiche, si arriva al bivio per **Orbetello**. In questa zona si consiglia una puntata sul promontorio del **Monte Argentario**, paesaggisticamente meritevole. Proseguendo su una strada tortuosa si giunge poi al **Monte Telegrafo**, da cui si gode uno stupendo panorama sull'arcipelago e sulla laguna di Orbetello. Chi ha più tempo a disposizione non può tralasciare l'**Isola del Giglio**, con il traghetto da Porto S. Stefano. Chi invece vuole combinare mare e montagna si gusterà il **Monte Amiata**, 1738 m, zona ideale per rilassanti escursioni in mezzo ad alberi secolari da cui si potrà ammirare il mare ed il lontano Appennino, visibilità permettendo.

Il tipico aspetto medioevale dei borghi toscani si può ritrovare a **Massa Marittima** e a **Suvereto**, a breve distanza da Follonica. A **Castagneto Carducci**, **Bolgheri** e **S. Guido** si possono invece scoprire i paesaggi che hanno ispirato schiere di poeti. Per finire poi con un'esperienza indimenticabile si menzionano le **Colline Metallifere**, una vasta area attorno a **Lardarello**, dove si può ammirare l'attività vulcanica dei soffioni boraciferi (utilizzati per la produzione di energia elettrica) e le loro manifestazioni collaterali (fango bollente, fumarole).

Le nuove tecnologie per orientarsi all'aperto necessitano di strumenti di navigazione appropriati e innovativi. I sistemi che si avvalgono della tecnologia **GPS** (Global Positioning System – Sistema di Posizionamento Globale), permettono di localizzare la propria posizione (indicata con coordinate) in tutto il mondo grazie a satelliti che orbitano attorno alla terra ad una distanza di ca. 20.200 km e ad una velocità di ca. 11.200 km/h emettendo segnali pressochè continui. Se si utilizza l'apparecchio GPS bisogna selezionare con cura i dati del Map Datum ed il relativo ellissoide di riferimento dello Stato in cui ci si trova, evitando così di compromettere l'esattezza delle coordinate. L'utilizzo dell'apparecchio però richiede un po' di esercizio ed una certa pratica nel saper leggere le carte.

KOMPASS-LEXIKON

Die KOMPASS-Wanderkarte 1:30.000, Blatt 650 „Isola d'Elba" erfasst und beschreibt die Insel Elba, die größte Insel im Toskanischen Archipel, der aus insgesamt sieben Hauptinseln und zahlreichen kleineren Inselchen besteht. Neben Elba sind die anderen Hauptinseln Capraia, Giannutri, Giglio, Pianosa und Gorgona bewohnt. Auf der Insel Montecristo, seit 1971 Naturschutzgebiet, lebt nur der Inselwächter. Der Toskanische Archipel liegt im westlichen Mittelmeer zwischen dem italienischen Festland und der französischen Insel Korsika und stellt aufgrund seiner Lage den morphologisch ausgeprägten Übergang zwischen dem Apennin und den sardisch-korsischen Gebirgszügen dar. Einer uralten Legende zufolge entstanden die Inseln als die tyrrhenische Venus den Schaumkronen des Meeres entstieg, wobei eine Perle aus dem Schmuck der Göttin zerbrach und genau an der Stelle ins Meer fiel, an der sich später die Inseln ausbildeten.
Die Insel Elba hat eine Gesamtoberfläche von 223,5 km² und liegt in einer Entfernung von etwa 5 Seemeilen vor der italienischen Küste, dem Vorgebirge von Piombino, und ist etwa 27 Seemeilen von der Insel Korsika entfernt. Die aus kristallinen Gesteinen aufgebaute Insel wird von einer stark gegliederten und buchtenreichen Küste gesäumt. Die Gesamtküstenlinie der Insel hat eine Länge von 147 km. Die größten Entfernungen in der Nord-Süd-Richtung von Capo Vita nach Punta della Calamita betragen 18,2 km und in Ost-West-Richtung von Capo Ortano bis Sedia di Napoleone 27,5 km. Die Insel wird von einem gut ausgebauten Straßennetz mit rund 145 km Hauptstraßen und etwa 80 km Panoramastraßen erschlossen.
Die ständige Einwohnerzahl auf Elba, die in den acht Inselgemeinden leben, ergab bei der letzten Volkszählung etwa 30.000 Menschen.
Im Westen der Insel überwiegen Kastanienwälder und Macchien, im östlichen Teil wird das Land intensiv für die Landwirtschaft genutzt, wie Olivenanbau, Obstkulturen und Anbau von Qualitätsweinen. Wein wird auch an der Westküste angebaut. In der Vergangenheit stellte die Landwirtschaft die überwiegende Beschäftigungsgrundlage für die Bevölkerung dar. Allerdings erfolgte hier in den letzten 25 Jahren ein starker Rückgang, was sowohl die Flächen als auch die Zahl der Beschäftigten betrifft. Gegenwärtig sind nur noch etwa 9% der Bevölkerung in der Landwirtschaft tätig. Die größte wirtschaftliche Bedeutung Elbas lag allerdings seit alters her im Reichtum an Bodenschätzen. Die hochwertigen Eisenerze mit bis zu 65% Eisengehalt wurden bereits seit etruskischer Zeit bis zum Jahre 1982 entlang der Ostküste bis zur Halbinsel Calamita im Tagebau gewonnen. Die Verhüttung erfolgte im waldreichen, nördlichen Teil der Insel, der zudem gute Häfen besaß, von denen aus die Erze an die Festlandhäfen Piombino und Genua verschifft wurden. Nach der fast vollständigen Zerstörung der Hochöfen von Portoferraio im Zweiten Weltkrieg wurden sie nicht mehr aufgebaut. Die Förderung von Eisenerzen hielt noch bis zur europäischen Stahlkrise Ende der siebziger Jahre an und wurde dann eingestellt, weil auch die meisten Lagerstätten erschöpft waren. Als Ausgleich für den Verlust dieses Wirtschaftszweiges, begann um 1960 die Entwicklung des Fremdenverkehrs, der einen positiven Einfluss auf Baugewerbe, Hotellerie und Handel hatte. In den folgenden zwanzig Jahren zählte Elba zu den beliebtesten Ferienzielen im Mittelmeer, bis in Folge der wirtschaftlichen Rezession die Tourismuskrise zu Beginn der neunziger Jahre auch Elba erreichte. Verstärkt wurde diese Wirkung noch durch ein sehr hohes Preisniveau für Leistungen, die dazu in keinem Verhältnis standen, dazu Lärm, Schmutz und teilweise Wassermangel in den Urlaubsorten und die sich verschärfende Konkurrenzsituation mit anderen Urlaubsgebieten auf den benachbarten Mittelmeerin-

Herrlicher Ausblick auf Portoferraio/Splendida vista su Portoferraio

seln. Diese Krise und die Einbrüche in den Übernachtungszahlen brachte dann ein Umdenken und die Ausrichtung auf einen „sanften“ Tourismus mit sich, um die schlimmsten Auswüchse abzumildern.

Geologie

Morphologisch stellt Elba einen Überrest des antiken Kontinents („Tirrenide“) dar, der ursprünglich die Toskana mit Korsika verband. Innerhalb Elbas zerfällt der morphologische Aufbau in drei Hauptgebiete, im westlichen Inselteil um den Monte Capanne, im Mittelteil in den beiden nord-südlich verlaufenden Landengen zwischen Procchio und Marina di Campo sowie zwischen Portoferraio und der Bucht von Lacona, und im Osten in den Bergen um Monte Calamita und Monte Serra.

Der **Monte Capanne** (1.009 m) hat einen Umfang von ca. 8 km und entstand wahrscheinlich vor sieben Millionen Jahren durch unterirdische Magmabewegungen und besteht aus körnigen Tiefengesteinen, den sogenannten Ortho- und Plagioklasen. Der Berg wurde im Laufe des Erdzeitalters aus dem Meer emporgedrückt. Dabei hat sich die Form der ehemaligen Felsenküste durch die Felsverschiebungen und die damit verbundenen hohen Temperaturen erheblich verändert. Schiefer, Marmor und grünlicher ophiolitischer Fels entstanden. Der Einfluss von Wind und Wetter brachte bemerkenswerte Felsformationen hervor, die ihrer Form wegen Elefant („elefante“), Adler („aquila“) oder Schildkröte („tartaruga“) heißen. Der Monte Capanne fällt in gewaltigen schroffen Hängen ab, die im Norden bis auf 800 m Höhe mit dichtem Wald bewachsen sind und im Süden bis auf kleinere Weinhänge eher kahl und vegetationsarm sind.

Das **Kerngebiet** der Insel ist eher flach und wurde durch Sedimentärgestein, Kalkstein, Lehm und Sandstein bei den zahlreichen Überschwemmungen aufgebaut. Auffallend sind die typischen durch Erosion entstandenen Erhebungen aus quarzhaltigem Porphyr (besonders in der Gegend von Capo d’Enfola, Fonza und Portoferraio), dessen Härte und Widerstandsfähigkeit gegen die Erosionskräfte die Landschaft dieses Vorgebirges prägte.

An der Westküste/Sulla costa occidentale

Wirtschaftlich besonders bedeutsam waren seit alters her die Mineralschichten im östlichen Teil der Insel, besonders in der Gegend um **Rio Marina** und den **Monte Calamita**. Bei der Aufwärtsbewegung der magmatischen Gesteinsmassen (Plutonismus) haben der Druck und hohe Temperaturen zu einer neuerlichen Erstarrung der umliegenden Felsformationen geführt. Dabei entstanden Schieferschichten sowie Gneis- und Marmorvorkommen. Die Minerale zeichnen sich durch einen ausgeprägten Metamorphismus aus und sind von großer Härte, wodurch schroffe Formen in der Oberflächengestalt entstanden. Zwischen den Städten Porto Azzurro und Valdana liegt eine granitische Plutonformation, deren Alter auf ungefähr 5 Millionen Jahre geschätzt wird. Früher wurde auf Elba auch Kupfer abgebaut, aber bis auf kleinere Adern bei Punta della Calamita sind die Vorkommen fast vollständig abgebaut.
Auf Elba kommen weit über 150 verschiedene Mineralienarten vor, unter denen vor allem neben dem bereits erwähnten Eisenerz noch der Pyrit, Roteisenstein, Limonit, Magnetit, Hämatit, Malachit, Ilvait und verschiedene Quarze wie Bergkristall zu nennen sind. Auf Granitfelsen und Tiefengestein sind oftmals schöne und kostbare Kristalle enthalten wie Turmalin, Beryll, Orthoklas und Granat. Die schönsten Kristalle befinden sich jedoch meist im Inneren von Magmabrocken, den sogenannten Pegmatiten. In Steilwänden oder künstlichen Aufschlüssen wie Steinbrüchen und Baugruben tritt das den Untergrund aufbauende Gestein direkt zutage. Hier lassen sich Gesteine finden, wie Andesit, Gabbro, Serpentit u. a. In der Umgebung von Rio Marina kann man nach vorheriger Genehmigung im Rathaus von Rio Marina auch selbst nach Mineralien suchen, so z. B. in den Tagebau-Stellen von Vigneria, Rialbano und Giove.
Eine sehr gute Einführung in die Mineralienkunde mit vielen Exponaten bietet das **Museo dei Minerali Elbani e delle Miniere (Mineralienmuseum)** im Palazzo della Concessionaria in **Rio Marina**. Öffnungszeiten: Juli und August 9.30 – 12.30, 16.30 – 19.30 und 21 – 23 Uhr, März – Juni und September und Oktober 9.30 – 12.30 und 15.30 – 18.30 Uhr. Das Museum veranstaltet auch Führungen in die aufgelassenen Erzbergwerke von Rio Marina. Informationen unter 0565/962088. In **Florenz** zeigt das **Mineralogische Museum der Universität** eine Kollektion mit über 1000 Exponaten aus Elba, die im 19. Jh. vom Elbaner Wissenschafter Marcello Foresi angelegt wurde.
Die wichtigsten Eigenschaften der Steine und Mineralien sind im KOMPASS-Naturführer „Mineralien“ (Verlagsnummer 1106) beschrieben.

Flora und Fauna

Die Insel Elba weist wegen ihrer Nähe zum Festland eine der kontinentalen sehr ähnliche mediterrane Vegetation auf, die durch Steineichenwälder und die sogenannte mediterrane Macchia bestimmt ist. Die ursprünglich weit verbreiteten Steineichenwälder wurden durch menschlichen Einfluss wie Rodung, Holzschlag und landwirtschaftliche Nutzung stark zurückgedrängt. Die Macchia hingegen ist eine Gebüschformation der feuch-

teren und küstennahen Hügellagen und wird von Sträuchern und niederen Bäumen mit immergrünen derben oder nadelförmigen Blättern gebildet. Die hervorragendsten Pflanzen der niedrigen Macchia sind die Zistrose sowie Ginster, Lorbeer, Dornensträucher und Wolfsmilchgewächse. Im Frühjahr liegt über der blühenden Macchia ein intensiver, berauschender Duft, der dem Geruch ätherischer Öle gleicht. Die Macchia wird als Ersatzvegetation für ursprünglich vorhandene Wälder angesehen, die in früheren Zeiten gerodet wurden. Mit zunehmender Trockenheit geht die Macchia in die offenen heideartigen Strauchformationen der Gariga über, in der vor allem viele aromatische Pflanzen wie Thymian, Rosmarin, Minze, Origano, Salbei und Myrte anzutreffen sind.
Auch die Tierwelt auf Elba weist aufgrund ihrer Nähe zum Festland eine große Ähnlichkeit mit der dortigen Fauna auf. Auf Elba und Montecristo kommt die einzige giftige Schlangenart des Toskanischen Archipels, die Aspisviper, vor. Der Archipel ist ein wichtiger Rastplatz für die Zugvögel, die sich von Nordeuropa in die südlichen Winterquartiere zurückziehen und später wieder in den Norden zurückkehren. 1971 wurde die Insel Montecristo unter Naturschutz gestellt und ist nur mit Genehmigung zu besuchen. Auch für die Insel Elba bestehen Pläne, das Gebiet um den Monte Capanne zum Naturschutzgebiet und Gebiete auf der Halbinsel Calamita zum Mineraliengebiet zu erklären.

Klima

Aufgrund seines außerordentlich milden subtropischen Klimas mit feuchten Wintermonaten und des klaren Himmels konnte sich Elba einen Sonderplatz sowohl im nationalen als auch internationalen Massentourismus erobern. Das Klima ist durchwegs milder als auf dem italienischen Festland und nicht so heiß wie auf den südlicher gelegenen Inseln Sizilien und Sardinien. Die durchschnittlichen Temperaturwerte liegen zwischen einem Maximum von 30°C und einem Minimum von 7°C. Auch im Winter werden selten Minusgrade gemessen.
Auf Elba gibt es keine ausgeprägte Regenzeit, so dass es im Sommer oft zu längeren Trockenperioden kommen kann. Die Niederschläge überwiegen an den Nord- und Nordwesthängen der Berge. Die Hauptmeeresströmungen kommen aus südlicher Richtung entlang der Festlandküste.
Zahlreiche Winde aus verschiedenen Richtungen sorgen im Sommer stets für Abkühlung, bringen im Winter manchmal auch heftige Stürme. Besonders zu erwähnen sind der kalte und heftige Maestrale aus Nordwest und der kalte und trockene Tramontana aus dem Norden, der meist gutes Wetter bringt, der warme Libeccio (oder Mezzogiorno) aus dem Süden und der trockene heiße Wüstenwind Scirocco aus Südost.

Bade- und Trinkkuren

Neben einer intensiven Heliotherapie, die vor allem in den Sommermonaten preisgünstig angeboten wird, kann man mehrere Krankheiten durch Schlammbäder heilen oder lindern. Diese werden im Thermalbad „Terme di San Giovanni“ in Portoferraio verabreicht. Es gibt aber auch Kuren zur Heilung von Hautkrankheiten und Arthritis. Ebenso wurden bei der Behandlung von hartnäckiger Akne gute Erfolge erzielt. Die besten Heilungsverfahren sind jedoch bei Rheumatismus, Arthrose, Gelenk- und Nervenentzündungen und Erkrankungen der Wirbelsäule zu verzeichnen. Trinkkuren können mit dem leicht mineralhaltigen Wasser der Quelle „Fonte di Napoleone“ bei Poggio in der Gemeinde Marciana durchgeführt werden. Dieses auch im Handel erhältliche Mineralwasser findet seine Anwendung bei Urikämie, Nierengrieß, Nierensteinen, Leberleiden und Leibschmerzen.

Geschichte

Die Insel Elba ist seit alters her bewohnt. Funde bei Rio Marina, Pomonte und Colle Reciso bezeugen bereits eine Besiedelung im Neolithikum.

In griechischer Zeit wurde die Insel „Aithalia“ („die Rußige“) genannt. Die Römer nannten die Insel „Ilva“ („Eisen“) und ihre Bewohner, die vermutlich dem ligurisch-subapenninischen Kulturkreis der Villanova-Kultur angehörten, „Ilvates“. Bereits seit 900 v. Chr. nutzten die Etrusker die Eisenvorkommen auf Elba und brachten das eisenhaltige Gestein in die Gießereien bei Populonia. Auch die Schiffe der Griechen und Phönizier liefen in dieser Zeit der aufkommenden Seefahrt die Naturhäfen im Toskanischen Archipel an. Im Jahre 474 v. Chr. wurde die etruskische Flotte von der Kriegsflotte aus Syrakus besiegt. Ab dem Jahr 246 v. Chr. begannen die Römer mit der Eroberung von Elba und dem Abbau der Eisenerze. Sie schufen bedeutende Zentren der Eisenschmelze wie „Fabricia“, das heutige Portoferraio und „Caput Liberum“, das heutige Capoliveri. Ruinen von römischen Villen auf den Inseln zeugen von einer regen Bautätigkeit der römischen Patrizierfamilien. Die Abgeschiedenheit mancher Inseln des Toskanischen Archipels veranlasste die Römer Strafkolonien einzurichten, wie z. B. in den Tuffsteinhöhlen auf der Insel Pianosa, die dann gegen Ende des 3. Jh.s von den Christen übernommen wurde, wie die Katakomben in der Nähe des seit Beginn des 20. Jahrhunderts bestehenden

Turm des alten Hafenkastells und römische Ausgrabungen in Portoferraio
Torre del vecchio castello al porto e scavi romani a Portoferraio

Staatsgefängnisses bezeugen. Nach der Zerstörung von Populonia im Jahre 569 durch die Langobarden flohen die Einwohner nach Elba. Später kam auch Elba unter die Herrschaft der Langobarden.
Seit dem 9. Jh. machten arabische Schiffe das Mittelmeer unsicher, denn der Islam forderte damals seine Gläubigen zur Bekehrung der „Ungläubigen" auf. Im 11. und 12. Jh. nahm die Seerepublik Pisa den Kampf gegen die Piraten auf und befestigte die Häfen auf Elba. Pisa führte wegen der strategisch günstig gelegenen Insel ständig Krieg mit dem Rivalen aus Genua und den Sarazenen. Im Jahre 1284 kam die Insel zu Genua, aber schon wenige Jahre später, im Jahr 1309, wieder zurück an Pisa. Nach dem Krieg zwischen Pisa und Genua und den Beutezügen der Piraten wütete die Pest im Jahre 1348 auf Elba. Im 15. und 16. Jh. herrschten die Appiani über den Toskanischen Archipel. Sie stellten sich unter den Schutz der Spanier. Im Jahre 1534 überfiel der berüchtigte Pirat Chaireddin Barbarossa als Oberbefehlshaber der türkischen Flotte den Ort Rio Marina und verschleppte dessen Einwohner in die Sklaverei. Im Jahre 1535 wurde unter Kaiser Karl V. der Kampf gegen die Piraten von Tunis aufgenommen und dabei über 20.000 christliche Sklaven befreit. Die Herrschaft um Portoferraio ging dann durch Erbfolge an König Philipp II., der sie dem Großherzog der Toskana, Cosimo I. von Medici verkaufte, der sogleich eine rege Bautätigkeit entfaltete, so z. B. die beiden uneinnehmbaren Festungen Forte Stella und Forte Falcone. In der Folgezeit war die Insel heftig zwischen Spaniern und Franzosen umstritten. Auf der Insel selbst war das Gebiet um Longone mit Rio und dem Küstenstreifen von Marciana und Campo dem spanischen Bourbonenkönig von Neapel, Ferdinand IV. unterstellt; das Gebiet um den strategisch wichtigen, befestigten Hafen von Portoferraio gehörte zum toskanischen Großherzogtum, das der Großherzog Ferdinand III. aus dem Hause Lothringen regierte.
Während des „Spanischen Erbfolgekrieges" (1701 – 1713) um die Vorherrschaft in Europa zwischen den beiden kriegsführenden Parteien, den Spanischen Bourbonen mit ihren Verbündeten Frankreich, Bayern und Köln und den Österreichern mit England und den Niederlanden an ihrer Seite landeten Truppen der Donaumonarchie auf Elba und nahmen Capoliveri ein. Das Großherzogtum Toskana, zu dem auch die Herrschaft Portoferraio auf der Insel Elba gehörte, ging in den Jahren 1733 – 1738 an den späteren deutschen Kaiser Franz von Lothringen, dem Gemahl von Maria Theresia. Im Jahre 1759 gelangte das spanische Hoheitsgebiet auf Elba an das Königreich Neapel, das die spanischen Bourbonen regierten. Wenig später wurde die Insel Korsika französisch, sehr zum Missfallen der Engländer, die ihrerseits um ihren Einfluss im Mittelmeer fürchteten und Elba einige Male besetzten. Erst im Frieden von Amiens im Jahr 1802 wurde das politische Hin und Her beendet und Elba zur Gänze an Frankreich angegliedert. In der Zeit vom 3. Mai 1814 bis zum 26. Februar 1815 war die Insel als Aufenthaltsort von Napoleon I. mit vollen Souveränitätsrechten ausgestattet. Nach der politischen Neuordnung Europas durch den Wiener Kongreß ging Elba an das Großherzogtum Toskana zurück. Während der italienischen Freiheitsbewegung gegen die Habsburger saßen zahlreiche Revolutionäre in den Gefängnissen von Portoferraio, Porto Longone und der kleineren Inseln. Im Jahre 1860 schlossen sich die toskanischen Inseln dem neuen Königreich Italien unter dem König Vittorio Emanuele II. an. In den Jahren 1890 und 1893 zerstörte die Reblaus fast alle Weinstöcke und zwang große Teile die Inselbevölkerung zur Auswanderung. Um diese zu stoppen, wurde zu Beginn des 20. Jh.s die Eisenindustrie auf Elba gefördert. Durch diese Industrialisierung wurden auch zusätzliche Arbeitskräfte vom Festland nach Elba gebracht, die allerdings unter schlechten Arbeitsbedingungen ein kärgliches Leben fristeten. Auch das Königreich Italien schickte weiterhin Strafge-

fangene in die Gefängnisse des Toskanischen Archipels, was der Insel Elba zusätzlich den Ruf einer Gefangeneninsel einbrachte. Nach der Bombardierung der Hochöfen im 2. Weltkrieg folgte eine wirtschaftliche Stagnation, bis um 1960 der Fremdenverkehr zunehmend an Bedeutung gewann und heute die wirtschaftlichen Aktivitäten der Insel weitgehend bestimmt.

Essen und Trinken

Die ursprüngliche und vorzügliche Küche Elbas wird nicht zuletzt durch die Lage inmitten eines fischreichen Meeres bestimmt. Es ist daher nicht verwunderlich, dass es hauptsächlich eine Seemannsküche ist. Das typischste Fischgericht ist wohl die Fischsuppe „Cacciucco", die mit Kraken, Drachenkopf, Tintenfisch, Katzenhai und Meerzykaden auf gerösteten, vorher mit Knoblauch bestrichenen Brotscheiben zubereitet wird. Unter den Vorspeisen sind der schwarze Reis und Spaghetti auf Fischerart zu empfehlen. Die Hauptgerichte wie auch die übrigen Vorspeisen basieren auf unzähligen Variationen von Fischen, gebraten wie gegrillt, in Aluminiumfolie gedünstet oder gekocht. Erwähnenswert sind auch noch Langusten am Grill, Hummerspieße, gekochte oder auf Jägerart zubereitete Kraken. Nicht zu vergessen sind die Meeresbarben, die Zahnbrassen und der Hechtdorsch. Während der Saison sind aber auch Wildgerichte zu empfehlen. An typischen Mehlspeisen sind die „Schiaccia briaca", „Corollo" (Kuchenkranz), „Schiaccunta" und „Castagnaccio" (Kastanienkuchen) besonders zu empfehlen.
Der Weinbau wird an der Westseite und im Inneren der Insel betrieben und stellt eine wichtige Einnahmequelle dar. Die hinsichtlich ihrer Herkunft gesetzlich kontrollierten D.O.C. (Denominazione di Origine Controllata) Weine finden besonders wegen ihres Aromas und ihrer Feinheit große Anerkennung. Erwähnenswert sind die Sorten Procanino, Sangioveto, Rosato sowie die noch bekannteren Elba Bianco (Weißwein) und Elba Rosso (Rotwein), die ebenfalls von kontrollierter Herkunft und ausgezeichneter Qualität sind. Außerdem werden auf der toskanischen Insel noch Dessertweine mit höherem Alkoholgrad wie der „Aleatico" und der „Moscato" sowie der durch natürliche Gärung gewonnene Schaumwein „Elba" produziert. Bei Portoferraio liegt das bekannte Weingut „La Chiusa di Magazzini", das ringsum von einer hohen Mauer umgeben ist („La Chiusa" = „Die Eingeschlossene") und wohl als eines der schönsten Weingüter auf Elba anzusehen ist. Das Weingut aus dem 18. Jh. befindet sich seitdem im Besitz der Familie Foresi und ist zu besichtigen. (Auskunft: Telefon 0565/93 30 46, Öffnungszeiten: am Vormittag 9.30 – 12 Uhr und am Nachmittag im Sommer 17 – 19.30 Uhr und im Winter 9 – 12 Uhr). Weitere bekannte Weingüter sind Acquabuona, Acqua Calda, Geri, La Pianelle und Sapere.

Napoleon I. auf Elba

Das erste Exil von Napoleon (geboren 1769, gestorben 1821) machte die Insel Elba berühmt und veränderte sie zugleich. Die Spuren seiner Exilzeit werden heute entsprechend vermarktet. Allerdings hält sich der Napoleon-Kult bei den Elbanern in Grenzen, wie die jährliche Seelenmesse am 5. Mai zu Ehren Napoleons in der Chiesa della Misericordia in Portoferraio beweist, die meist in einer leeren Kirche gelesen wird.
Zur Vorgeschichte des fast 300-tägigen Exils von Napoleon sei noch folgendes ausgeführt: Im Laufe des Jahres 1802 besetzten französische Truppen die Insel Elba. Am 2. Dezember 1804 krönte Napoleon sich und seine Gemahlin Josephine Beauharnais in der Kirche Notre-Dame zu Paris, nachdem Papst Pius VII. die Salbung vollzogen hatte, zum Kaiser der Franzosen. Eine Volksabstimmung auf Elba bestätigte die französische Herrschaft mit überwältigender Mehrheit. 1805 wurde Napoleon auch König von Italien, sein Stiefsohn Eugen Beauharnais Vizekönig von Italien. Die Ligurische Repu-

blik wurde Frankreich einverleibt. In diesem Jahr schenkte Napoleon seiner Schwester das Fürstentum Piombino, später erhielt sie das Großherzogtum Toskana und die anderen toskanischen Inseln zugesprochen. Nach dem verlorenen Rußlandfeldzug, der Niederlage bei der Völkerschlacht von Leipzig im Jahre 1813 und der Besetzung von Paris durch die Alliierten entsagte Napoleon am 6. April 1814 in Fontainebleau der Krone und erhielt auf eigenen Wunsch die Insel Elba als autonomes Fürstentum zugesprochen. Seine Verbannung auf Elba dauerte vom 3. Mai 1814 bis zum 26. Februar 1815. Bei seiner Ankunft auf der englischen Fregatte „Undauted" (= „Unverzagt") mit 700 Infanteristen und 150 Kavalleristen wurde er in Portoferraio von der Bevölkerung mit großem Jubel empfangen. Die Zeit auf Elba nutzte der Ex-Kaiser zu umfangreichen Sanierungs- und Modernisierungsarbeiten seiner Insel. Wirtschaft und Verwaltung wurden modernisiert, die Landwirtschaft mit neuen Produkten wie Maulbeerbäumen für die Seidenraupenzucht, Rebstöcken für die Weinerzeugung, Orangenbäumen intensiviert. Die Salzgewinnung und der Erzabbau wurden belebt, die allgemeine Kanalisation befohlen. Auch das gesellschaftliche Leben in der Wintersaison erlebte die Anwesenheit von Napoleon und seines Clans, besonders seiner Schwester Paoline Borghese, und nahm einen ungeahnten Aufschwung. Doch Napoleon, der auf der Insel am 15. August seinen 45. Geburtstag feierte, wollte noch einmal nach der Macht greifen und verließ Elba ohne den Argwohn seiner englischen „Bewacher" zu erregen. Am 1. März 1815 landete er in Frankreich bei Cannes und begann die Herrschaft der „Hundert Tage", am 20. März 1815 zog er in Paris ein. Die Schlacht bei Belle-Alliance (Waterloo) am 18. Juni 1815 endete jedoch mit dem gemeinsamem Sieg Blüchers und Wellingtons über Napoleon, der vernichtend geschlagen wurde. Nach der zweiten Einnahme von Paris durch die Verbündeten wurde Napoleon im Interesse der allgemeinen politischen Beruhigung in Europa am 7. Juli 1815 an Bord der englischen Fregatte „Bellerophon" auf die Insel St. Helena im Südatlantik in die Verbannung gebracht, wo er seine Memoiren verfasste. Er starb am 5. Mai 1821, vermutlich an Magenkrebs. Seine Leiche wurde im Jahre 1840 nach Paris überführt und im Invalidendom beigesetzt.

Fährverbindungen

Die Fahrtdauer mit den Fährschiffen beträgt zwischen Piombino und Elba etwa 1 Std. Bei allen Schiffsverbindungen ist jedoch in der Hochsaison eine vorherige Reservierung sehr zu empfehlen. Regelmäßige Verbindungen mit bequemen Fährschiffen und Tragflügelbooten von Livorno nach Capraia und Gorgona, von Piombino nach Elba und Pianosa und von Porto S. Stefano nach Giglio Porto bestehen mit folgenden Reedereien:

TOREMAR: Hauptsitz und Verwaltung: 57100 Livorno, Porto Mediceo,
Tel. 0586/896113, Fax 0586/887263, Call Center (0039) 892123
Vom Handy oder Ausland gilt folgende Telefonnummer: (+39) 02/26302803
Zweigstellen TOREMAR: Call Center: Tel. 199123199 • www.traghetti-toremar.com
57030 Cavo, Via Michelangelo 54, Tel. 0565/949871, Fax 0565/949871
58013 Isola del Giglio, Giglio Porto, Tel. 0564/809349
57032 Isola di Capraia, Via Assunzione 18, Tel. 0586/905069, Fax 0586/905069
57025 Piombino, Nuova Stazione Marittima, Tel. 0565/31100 und 0565/226590
58019 Porto Santo Stefano, Piazzale A. Candi, Tel. 0564/810803, Fax 0564/818455
57037 Portoferraio, Calata Italia 42, Tel. 0565/918080 e 960131, Fax 0565/914717
57038 Rio Marina, Calata Voltoni 20, Tel. 0565/962073, Fax 0565/962568
MOBY LINES: Call Center, tel. 892 112, zwischen Piombino und Portoferraio (Isola d'Elba)

Das Reiseziel – die Insel Elba – ist bald erreicht! Finalmente vicini alla meta – l'isola d'Elba!

Elba-Card

Die Insel ist mit dem öffentlichen Nahverkehr durch ein dichtes Busnetz gut erschlossen. Die ATL-Direktion (Azienda Trasporti Livorno) befindet sich in Portoferraio, Viale Elba 20, Tel. 0565/914783. Hier erhält man Auskünfte, Fahrpläne und auch die Elba-Card mit Gültigkeitsdauer für einen Tag oder eine Woche.

VORSCHLÄGE FÜR WANDERUNGEN

Zur Kirche Madonna del Monte und zur Westküste

Ausgangspunkt ist das Dorf Marciana Alta. In der Nähe der pisanischen Festung beginnt der Weg und führt an 14 Kapellen vorbei zur Kirche Madonna del Monte (B 2), der ältesten Wallfahrtskirche von Elba. Länge 2 km, Gehzeit: ca. 1 Std. Ein markierter Wanderweg führt quer durch das Inselinnere an die Westküste zu den Ortschaften Chiessi (A 3) und Pomonte (A 3). Gehzeit: 3 – 4 Std.

Nach San Cerbone und in das Valle di Pedalta

Ein schöner Rundweg von Marciana zur Einsiedelei von San Cerbone (B 3), danach in das Valle di Pedalta unterhalb des Berges La Stretta und zurück nach Marciana (BC 2). Gehzeit: ca. 4½ Std.

Auf den Monte Capanne
Auf den höchsten Berg (1.009 m, C 3) von Elba führen mehrere Wanderwege. Der direkte Weg beginnt in Poggio, dem Ort unterhalb des Monte Capanne. Andere Ausgangspunkte sind die Orte Pomonte, Chiessi oder Seccheto. Gehzeit von Pomonte, ca. 2 Std. Schwierigkeitsgrad: mittel.

Auf den Monte Perone
Von der Verbindungsstraße zwischen Sant'Ilario in Campo und Marciana führt ein etwa 300 Meter langer, leichter Aufstieg auf den Monte Perone (630 m, C 3). Gehzeit: wenige Minuten. Großartiger Panoramablick über die Insel!

Zur Hochebene von Canale
Ausgangspunkt dieser Wanderung ist das Bergdorf San Piero in Campo (C 3). Von dort gelangt man nach einem halbstündigen Aufstieg zur Hochebene von Canale (Piane del Canale) und bis zum Aussichtspunkt Pietra Murata (548 m) mit einem weiten Blick bis zu den Nachbarinseln Korsika, Pianosa und Montecristo (bei klarem Wetter). Durch das Malocci-Tal und auf dem Weg Nr. 35 zurück nach San Piero in Campo. Gehzeit: 2 – 3 Std.

Verbindungsweg zwischen Nord- und Südküste
Von Portoferraio (FG 2) aus geht man in westlicher Richtung die Küste entlang zur Ortschaft Aquaviva. Von dort weiter über den Serrone delle Cime (258 m), dann Überquerung der Autostraße von Portoferraio nach Procchio in südlicher Richtung. Am Monte Pericoli (E 2) vorbei zum Monte Tambone und Richtung Monte Fonza. Der weitere Abstieg kann entweder in westlicher Richtung über Ripa Nera und Segagnana nach Marina di Campo (D 3) erfolgen oder in östlicher Richtung nach Lacona (F 3).

Auf den Monte Strega und Monte Capannello
Alle Bezeichnungen befinden sich im Planquadrat H 2. Ausgangspunkt dieser Tageswanderung ist Rio nell'Elba. Zunächst in Richtung Cavo mit einem Abstecher zu den Ruinen des Torre del Giove. Von dort zurück auf die Straße und entlang dem Wanderweg Nr. 62 auf den Monte Strega (425 m), zum Monte Capannello (402 m) und in weiterer Folge zum Cima del Monte (516 m). Zwischen den beiden Bergen liegt die alte Flucht-

Bucht von Portoferraio/Baia di Portoferraio

burg Volterraio (Pfade nicht markiert). Vom Cima del Monte zurück über Le Panche und auf einem Eselspfad zurück nach Rio nell'Elba.

Rundweg zum Monte Calamita

Schöner Rundweg von Capoliveri (H 3), vorbei am aufgelassenen Eisenerz-Tagebau über das Vorgebirge des Monte Calamita (H 4) und zurück nach Capoliveri. Gehzeit: 3 Std.

„Grande Traversata Elbana" = G.T.E. („Große Elba Durchquerung")

Der große Elba-Wanderweg führt von der Nordostküste (I 1) nördlich von Cavo (in der Nähe der Villa Romana) in südlicher Richtung über den Monte Grosso (336 m), Monte Strega (425 m), Monte Capannello (402 m), die Cima del Monte (516 m, H 2), und wendet sich dann in westlicher Richtung und durchquert die Insel bis zum Monte Capanne (1.009 m, C 3). Hier gabelt sich der Weg in südlicher Richtung nach Pomonte (A 3) oder über den Monte di Cote (950 m) und la Tabella (882 m) in nordwestlicher Richtung nach Patresi (A 2). Die Gesamtlänge dieser Elba-Durchquerung beträgt etwa 60 km und ist in 3 – 4 Tagesetappen „abzuwandern".

VORSCHLÄGE FÜR RADTOUREN

Tour 1

Über den Monte Perone zu einem grandiosen Panoramasingle

Gesamthöhenmeter: 800 m • Streckenlänge: ca. 22,4 km

Anmerkung: Mittelschwere bis schwere Tour mit tollem Blick über fast die ganze Insel. Knackiger Anstieg zum Monte Perone. Schwierige Downhillpassagen. 19 km Offroadanteil.

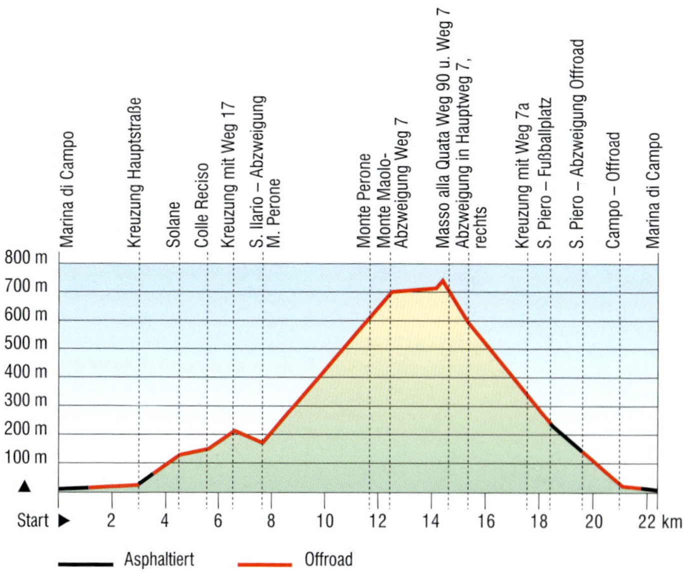

Wir starten in der Viale degli Etruschi und fahren bis zur Hauptstraße, die nach rechts zum Monte Tambone führt, zweigen aber ein paar Meter nach der Brücke, links ins Gelände ab. Offroad fahren wir nun an einem Schilfgürtel dem Flugplatz entlang, bis zur Kreuzung mit der Straße, die von Bonalaccia kommt, halten uns links und nach einem kurzen Asphaltstück geht es rechts vor einer Brücke, wieder Offroad, weiter. Wir überqueren die Straße die nach Procchio führt und nach einem kurzen Asphaltstück von ca. 800 m Länge, geht es Offroad, auf Weg Nummer 11 Richtung Solane und Colle Reciso weiter. Links auf der Sandpiste Richtung S. Ilario, zweigen wir kurz vor der Ortschaft scharf rechts über eine steile Betonrampe, zum Monte Perone auf Weg Nummer 5 ab. Nach ein paar hundert Metern, wird Weg Nummer 5 zu einer tollen Sandpiste und führt uns auf einer Länge von ca. 4 km, von ca. 208 m auf 630 m auf den Monte Perone. Nun überqueren wir die asphaltierte Passstraße und fahren auf Weg Nummer 5 Richtung Monte Maolo weiter, wo nach ca. 500 m Aufstieg, in ca. 710 m Höhe, unscheinbar als schmaler Single, Weg Nummer 7 links abzweigt. Diesem Pfad folgend stellen wir fest, dass wir uns auf einer Länge von ca. 2 km, auf einem traumhaften Panoramaweg, dauernd auf über 700 m Höhe bewegen und uns der ganze mittlere und östliche Teil der Insel zu Füßen liegt. An der Abzweigung zum Aufstieg Calanche links vorbei gelangen wir, kurz vor dem Masso alla Quata, zu unserem Single, der uns links in Serpentinen durch den Wald auf einer Länge von ca. 750 m, auf eine Höhe von ca. 600 m, zum Hauptweg mit der Nummer 7 bringt. Offroad geht es nun in flotter Fahrt nach rechts bis zur Kreuzung S. Piero, auf eine Höhe von ca. 370 m hinunter. Das letzte Stück von Weg Nummer 7, ein schwieriger Single, führt uns zum Fußballplatz von S. Piero. Das mittelalterliche S. Piero hinter uns lassend, kommen wir über die steile Ortsdurchfahrt wieder auf die Hauptstraße, die wir überqueren und in steilem Zick-Zack auf einer rauhen Schotterstraße nach Marina di Campo gelangen.

Tour 2

Von der Chiesa S. Giovanni bis Seccheto

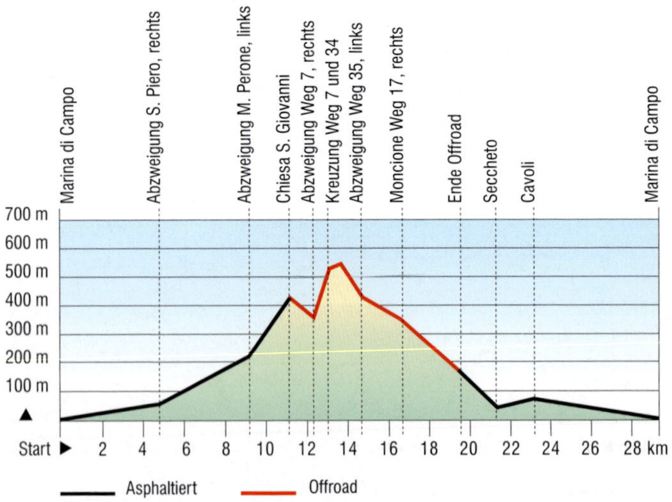

Gesamthöhenmeter: 570 m • Streckenlänge: 29 km
Anmerkung: Leichte bis mittelschwere Tour im Westen von Elba mit fantastischem Blick auf die Inseln Pianosa und Montecristo. Ca. 8 km offroad über beeindruckende Panoramasingles.
Wir rollen uns gemütlich ein und fahren auf der asphaltierten Straße Richtung Cavoli und zweigen rechts nach ca. 3.2 km Fahrt nach S. Piero ab. Über S. Piero gelangen wir zur Abzweigung Monte Perone links in ca. 203 m Höhe. Auf der Straße zum Monte Perone, vorbei am Torre di S. Giovanni, bis zur Chiesa S. Giovanni, geht es direkt links, auf einem tollen Single Weg Nummer 7a von knapp einem Kilometer Länge, hinunter zur Weg Nummer 7, von S. Piero kommend. Jetzt halten wir uns rechts und in einer Höhe von ca. 513 m, nach einem harten Aufstieg, führt unser Weg mit der Nummer 34 geradeaus weiter in Richtung Pietra Murata. Bei der Kreuzung mit Weg Nummer 30, unserer höchsten Erhebung dieser Tour, in ca. 523 m Höhe geht es noch ca. 500 m geradeaus und ein steiler Single führt uns nun auf ca. 414 m Höhe hinunter, auf Weg Nummer 35. Nach links führt uns ein herrlicher Panoramasingle von ca. 2 km Länge, auf ca. 352 m hinunter. Bei einem alten Gebäude und Wasserspeicher (C. Moncione), geht es nun rechts auf Weg Nummer 17, ebenfalls ein Genuß von einem Single, Richtung Secchето, wo wir nach ca. 3 km Fahrt in ca. 144 m Höhe wieder Asphalt befahren. In flotter Fahrt, Richtung Seccheto, heißt es, bei der steilen Einmündung in die Hauptstraße, gut aufpassen. Links abbiegend erreichen wir wieder unseren Ausgangspunkt Marina di Campo.

Tour 3

S. Andrea, die besondere

Gesamthöhenmeter: 1200 m • Streckenlänge: 55 km
Anmerkung: Sehr abwechslungsreiche mittelschwere Tagestour mit Blick nach Capraia und Korsika. 16 km Offroad Abschnitt.
Wir beginnen diese Tour in Marina di Campo und fahren dann Offroad, am Flugplatz ent-

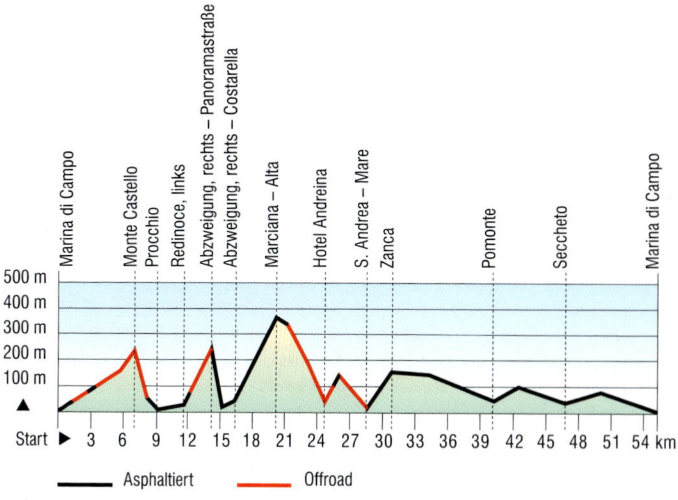

lang, überqueren die Hauptstraße und nehmen den Anstieg Richtung Solane und C. Reciso in Angriff. In ca. 160 m Höhe, 200 m vor der großen Kreuzung am C. Reciso geht unser Weg mit der Nummer 18, als toller Single rechts weg. Nach einer Fahrt von ca. 1.3 km durch den Wald, kommen wir bei der Anflugschneise zum Flugplatz, in ca. 191 m wieder ans Licht. Jetzt geht's noch auf ca. 216 m zum M. Castello hinauf und danach in einer etwas schwierigen Abfahrt zur Hauptstraße nach Procchio in ca. 50 m Höhe. Wir fahren nach Procchio und zweigen links nach Marciana Marina ab. Nach ca. 2.5 km in einer scharfen Rechtskurve zweigt unser Weg links nach Redinoce ab. Nach ein paar Metern sind wir wieder Offroad unterwegs und kommen nach ca. 1.5 km steilem Aufstieg, in ca. 168 m Höhe zur Kreuzung bei S. Rita mit der Straße vom Colle Reciso. Wir halten uns ca. einen Kilometer rechts und kommen am Ende eines steilen Betonstückes, in einer Kurve, auf die asphaltierte Straße, auf der wir rechts hinunter fahren und einige herrliche Ausblicke genießen können. Besonders der Blick in die Badebucht de la Crocetta, wo wir uns links halten, sollte einen kurzen Stop Wert sein. In Marciana Marina fahren wir bei der Agip Tankstelle rechts und kommen so zur Hafenpromenade, der wir entlang Richtung Torre folgen, aber der Einbahn entsprechend links halten und so wieder auf die Hauptstraße nach Poggio kommen. Nach ca. 400 m geht es für uns rechts weg, den Schildern (Ruotone, Costarella) folgend, die steile Weinbergstraße nach Marciana Alta hinauf. Wir steigen auf ca. 3.4 km Länge etwa 300 Höhenmeter hinauf, kommen auf die Hauptstraße und fahren rechts Richtung Marciana Alta – S. Andrea, bis wir nach einem kurzen Stück Abfahrt, bei unserer Abzweigung rechts auf Weg Nummer 07 sind. Nach einem kurzen Stück Offroad geht unser Weg mit der Nummer 08 als Single, Richtung S. Andrea, links weg. In ca. 220 m Höhe kommen wir an eine Kreuzung und folgen auf unserem Weg mit der Nummer 08 dem Wegweiser La Cala bis zur nächsten Kreuzung in ca. 195 m, jetzt geht's nach links immer noch La Cala folgend. Wir überqueren schräg eine Straße und folgen unserem Single La Cala und kommen so direkt beim Hotel Andreina vorbei. Nach 350 m, am Ende einer Treppe, überqueren wir eine Quelle und steigen wieder auf gut 100 Höhenmeter wo wir bei einem Haus mit Weinberg, wiedereinmal Asphalt unter die Stollen bekommen und rechts halten. Nach gut 600 m, bei einem Trafo und Strommast, zweigen wir rechts auf einen Single mit etwas schwierigem Einstieg, ab. Am Ende des Singles geht es noch ca. 300 m Offroad weiter und danach etwa ca. 1.2 km bis zur Hauptstraße nach S. Andrea – Mare hinunter. Den Aufstieg zur Hauptstraße in etwa 155 m Höhe machen wir über Zanca und fahren dann die herrliche Westküste über Patresi, Colle d'Orano, Chiessi, Pomonte, Fetovaia, Secchetto und Cavoli nach Marina di Campo zurück. P. S.: Von Marciana Marina, Richtung Marciana Alta hinauf gibt es auch die Möglichkeit, statt der alten Weinbergstraße entlang, über Uccelaia bis zum Weg mit der Nummer 08 anzufahren. „Nichts für Warmduscher".

Tour 4

Quer über die Insel, von Monte Tambone bis Monte Poppe

Gesamthöhenmeter: 711 m • Streckenlänge: 29,6 km

Anmerkung: Leichte bis mittelschwere Tour, mehr im Inselinneren. Wunderschöner Blick nach Enfola und die Bucht von Viticcio und Biodola. Etwas mehr als die Hälfte offroad.

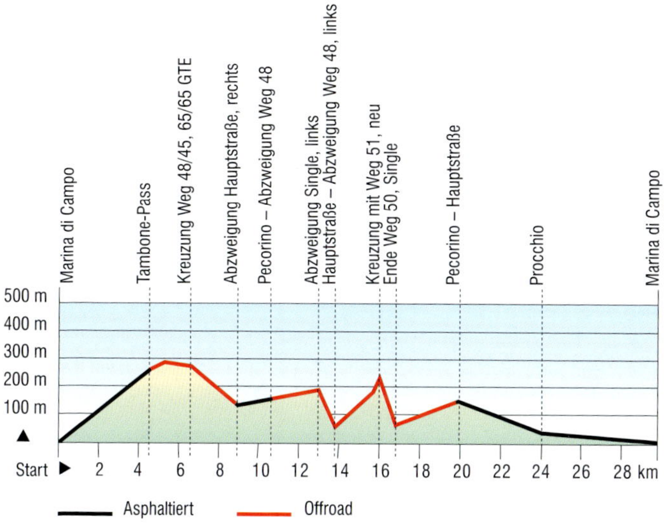

Bei dieser Tour fahren wir auf der normalen, asphaltierten Straße von Marina di Campo den Tambone hoch, bis zum Park- und Rastplatz auf ca. 261 m beim Monumento. Dort zweigen wir links auf Weg Nummer 48 Offroad ab, der uns noch auf eine Höhe von ca. 296 m bringt bevor es hinunter zur Kreuzung mit Weg Nummer 7 vom Liternotal kommend auf ca. 236 m geht. Unsere Fahrt geht rechts auf Weg Nummer 48 weiter, bis zur Kreuzung mit Weg Nummer 65 und Weg Nummer 65 GTE. Wir folgen dem Wegweiser 45, 48, der ein Stück gemeinsam geführt wird, nach links, an der Kreuzung Weg Nummer 45, S. Martino, links vorbei, weiter auf Weg Nummer 45, 48 bis der Weg auf einer Waldbrandschneise scharf links, als traumhaft schöner Single in den Wald abzweigt. Unser Single von rund 1750 Metern Länge zweigt nach ca. 250 m Fahrt nach links ab, Weg Nummer 45. Auf einer Höhe von ca. 123 m kommen wir beim Handymast auf die Hauptstraße und fahren rechts, Richtung Portoferraio.

Bei der Kreuzung mit der Straße nach Biodola, geht es für uns auf Weg Nummer 48, links bergauf. Nach ca. 2.4 km Fahrt kommen wir in einer Höhe von ca. 192 m zur Kreuzung zum Monte Poppe und S. Giuseppe wo es rechts und nach ca. 350 m gleich wieder links auf einen anspruchsvollen Single abzweigt, der uns am Hotel Acquaviva vorbei, auf die Straße nach Enfola bringt. Ein kurzes Stück Asphalt nach links und schon zweigt es wieder links auf Weg Nummer 48 Offroad ab. Nach knapp 2 km Steigung, kurz vor der Abzweigung Monte Poppe führt unsere Tour nach rechts auf der alten Weg Nummer 51 Single, der nach ca. 200 m Fahrt, auf die neue Weg Nummer 51 stößt. Wir halten uns links und ein flotter Downhill über einen rasanten Single, führt uns von ca. 223 m auf ca. 100 m hinab zur Kreuzung mit Weg Nummer 51, 49 und 50. In gleicher Richtung geht es weiter auf Weg Nummer 50 der nach ca. 400 m von Single in Offroad wechselt und nach weiteren 300 m gelangen wir an ein Eisentor, keine Angst, es fehlen ein paar Stäbe und unserer Weiterfahrt steht nichts im Wege. Von Scaglieri geht's dann auf Asphalt hinauf zur Hauptstraße, die uns rechts über Procchio nach Marina di Campo führt.

Tour 5

Durch das Valle Literno hinauf zum Monte S. Martino und Monte Barbatoia und über Laconella zurück

Gesamthöhenmeter: 635 m • Streckenlänge: 24,7 km

Anmerkung: Wunderschöne Tour mit herrlichen Rundblicken. Gute Kondition und sehr viel Geschick beim Abfahren erforderlich. Nur 6,5 km Asphalt!

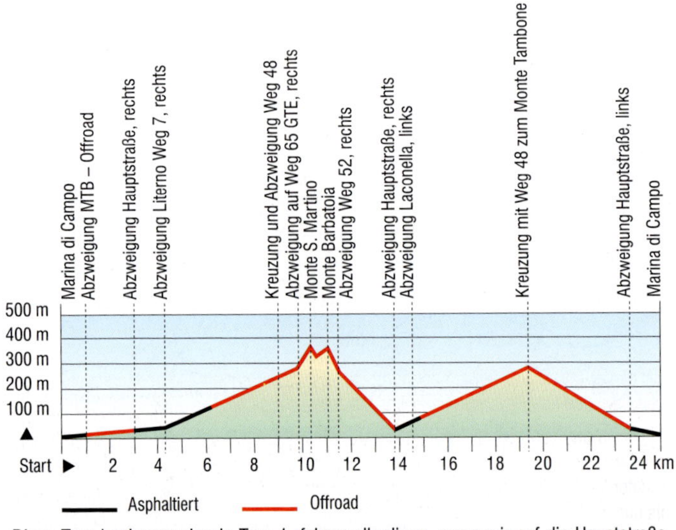

Diese Tour beginnen wir wie Tour 1, fahren allerdings, wenn wir auf die Hauptstraße kommen, die nach Procchio führt, rechts bis zur Abzweigung, wieder rechts ins Liternotal, auf Weg Nummer 7. Wenn sich unsere Weg Nummer 7 mit GTE 44 und Weg Nummer 48, die vom Monte Tambone kommt, kreuzt, halten wir uns links auf Weg Nummer 48 weiter. Bei der nächsten Kreuzung mit Weg Nummer 45 und 48 halten wir uns rechts und zweigen auf Weg Nummer 65 GTE, einem tollen Single, über den Monte S. Martino, 365 m, und den Monte Barbatoia, 360 m, die uns mit grandiosen Ausblicken belohnen. Eine kurze Abfahrt bringt uns nun zur Abzweigung unseres Singles Weg Nummer 52 rechts, dem wir es zu verdanken haben, diese anspruchsvolle Tour fast gänzlich ohne Asphalt, zu beenden.

Dieser Single bringt uns in ca. 2.4 km Länge nach Lacona auf die Hauptstraße, wo es rechts und nach wenigen hundert Metern wieder links nach Laconella abzweigt. Wir sind nun auf Weg Nummer 47, einer weiteren MTB Herausforderung, die uns, auf zum Teil, ruppigen Steigungen, auf 6 km Länge, auf eine Höhe von ca. 285 m, Richtung Tambone bringt. Jetzt beginnt für uns eine schwierige, steinige Abfahrt, die uns auf 4.3 km Länge zur Kreuzung mit der Hauptstraße bringt, wo es für uns links nach Marina di Campo geht.

Tour 6

Rund um den Monte Calamita

Gesamthöhenmeter: 1292 m • Streckenlänge: 65,25 km

Anmerkung: Wunderschöne Tour zum Magnetberg. Harter Downhill, ansonsten leicht bis mittelschwer. 1/3 Offroadanteil.

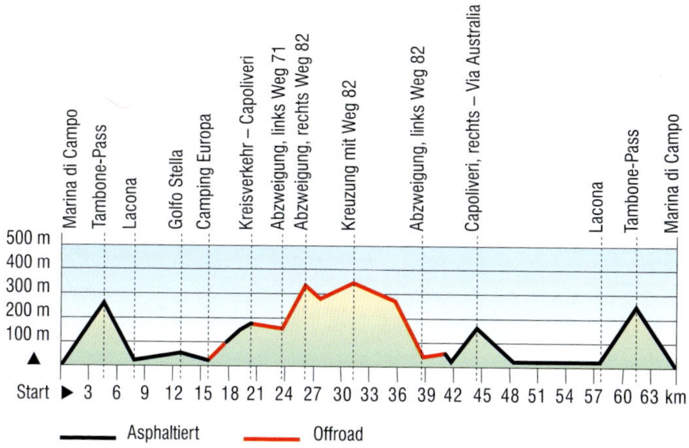

Wir fahren auf dem normalen Straßenweg von Marina di Campo über Tambone und Lacona, Richtung Capoliveri. Beim zweiten Wegweiser, Camping Europa, zweigen wir rechts ab und kommen in ca. halber Höhe auf die Hauptstraße nach Capoliveri. Beim Kreisverkehr in Capoliveri nehmen wir die Abzweigung Miniera, die nach ca. einem Kilometer von Asphalt in Offroad übergeht. Wir bleiben auf dieser tollen Panoramastraße bis unser Weg mit der Nummer 71 links abzweigt. Auf einer Länge von ca. 2.3 km steigen wir jetzt von ca. 165 m auf 340 m und kommen auf Weg Nummer 70. Wir überqueren diesen Weg und kommen nach steilen 250 m auf Weg Nummer 82. Nach ca. einem Kilometer nach rechts, bei der Hauptkreuzung, fahren wir wieder rechts auf Weg Nummer 70, ca. 3.5 km zurück, an unserer Kreuzung mit WegNummer 71 vorbei, bis wir den Weg mit der Nummer 82 kreuzen. Unsere Fahrt geht auf dem kurvenreichen Weg mit der Nummer 70, gut 4 km lang, zurück zur großen Kreuzung in ca. 290 m Höhe. Jetzt zweigen wir links auf Weg Nummer 71, einem harten Downhill, der uns auf einer Länge von 2.5 km von ca. 290 m auf ca. 36 m Höhe hinunter bringt, ab. Wir kommen auf Weg Nummer 82, halten uns links und kommen nach ca. 2.6 km Fahrt an einen Schranken, wo Ende Offroad ist und wir auf der asphaltierten Straße, nach ca. 3.5 km Fahrt, wieder in Capoliveri sind. Nun geht es auf dem Anfahrtsweg wieder zurück nach Marina di Campo.

ORTSBESCHREIBUNGEN

Die Telefon- und Faxnummern der Fremdenverkehrsämter, Gemeindeämter oder Reisebüros finden Sie auf Seite 54.

CAMPO NELL'ELBA D 3

Gemeinde, Provinz Livorno, Einwohner: 4.400, Höhe: 0 – 905 m, Postleitzahl: 57034. **Auskunft:** Gemeindeamt/ Municipio und Ufficio Informazione. **Bahnstation:** Piombino (37 km) auf dem Festland. **Flugplatz:** im Ortsteil „La Pila".

Die aus zahlreichen Orten (San Piero in Campo, Sant'Ilario, La Pila, Cavoli, Fetovaia, Seccheto, Marina di Campo und der Insel Pianosa) bestehende Gemeinde Campo nell'Elba dehnt sich im Südwestteil der Insel aus, malerisch gelegen zwischen den südöstlichen Hängen des Monte Capanne und dem lieblichen Golf gleichen Namens. Die Gemeindeverwaltung befindet sich im Ort **Marina di Campo**, dem mit seinem langen Sandstrand wohl beliebtesten Badeort auf Elba.

Südküste bei Campo nell'Elba (Seccheto)
Costa meridionale presso Campo nell'Elba (Seccheto)

Sehenswert im Ort und in der Umgebung

Die Ruinen der malerischen Kirche **San Giovanni in Campo** (Gemeindeteil Sant'Ilario in Campo) bestehen nur noch aus den Außenmauern. Sie liegen an der Straße zum **Monte Perone** (630 m), einem von Pinienhainen bedeckten Berg mit herrlicher Aussicht auf den gesamten Archipel und die tyrrhenische Küste. Nicht weit von der Kirche befand sich die Einsiedelei von San Giovanni aus dem 7. Jh. Unterhalb der Kirchenruine erhebt sich auf einem riesigen Granitblock der Verteidigungsturm **„Torre di San Giovanni"**, dessen Bau noch auf die Zeit der Herrschaft der Republik Pisa (11. Jh.) zurückgeht. Im Gemeindeteil Marina di Campo steht auf dem westlichen Vorgebirge der gleichnamigen Bucht der **„Torre della Marina"** aus pisanischer Zeit, der im 16. Jh. erneuert wurde.

Spazierwege und Wanderungen

Auf den Monte Perone (630 m). – Auf den Monte Poro und zur Punta Bardella. – Auf dem Küstenweg zum Aussichtspunkt Casa Ischia. – Auf einem alten Fußweg nach Lacona in östlicher Richtung.

CAPOLIVERI H 3

Gemeinde, Provinz Livorno, Einwohner: 2.600, Höhe: 165 m, Postleitzahl: 57031. **Auskunft:** Gemeindeamt/ Municipio. **Bahnstation:** Piombino (37 km) auf dem Festland.

Capoliveri liegt im Südosten der Insel auf der Halbinsel Calamita, die seit alters her für ihre Eisenerz- und Mineralvorkommen berühmt ist. Diese Erzlager erstrecken sich entlang der gesamten Ostküste von Elba vom Capo Vita im Norden bis zur Punta della Calamita im Süden. Es erscheint gesichert, dass der Ort auf eine Ansiedlung von ehemaligen römischen Sklaven zurückgeht, denn er war als „Caput Liberum" (= Freiheitsberg) bereits zur Römerzeit bekannt. Damals gewährten die Bewohner Verfolgten der Obrigkeit Obdach und Zuflucht. Heute ist das malerische Capoliveri ein ruhiger Bergarbeiterort mit einem schönen Ortskern und vielen schmalen, verwinkelten Gassen. Bei guter Sicht erblickt man vom kleinen Dorfplatz die anderen toskanischen Inseln Montecristo, Pianosa und Giglio.

Sehenswert im Ort und in der Umgebung

Nördlich von Capoliveri stehen in einem verlassenen Friedhof die Überreste der kleinen romanischen Kapelle **San Michele** (12. Jh.). Die Kapelle gilt als einzige bauliche Hinterlassenschaft der Pisaner in der Gegend von Capoliveri. Papst Gregor XI. hat hier während seines Aufenthaltes auf Elba im Jahr 1376 eine heilige Messe gefeiert. Die kleine Wallfahrtskirche **Madonna delle Grazie** stammt aus dem 16. Jh. Das Kirchlein ist in der Form eines lateinischen Kirchenkreuzes errichtet, das kuppelartige Gewölbe ist mit Plättchen im orientalischen Stil verziert. Über dem Altar befindet sich ein wundertätiges Madonnenbild, das der Schule von Michelangelo oder Raffael zugeordnet wird. Die Kirche ist meistens verschlossen. Etwas nördlich von **Lacona** steht die kleine Wallfahrtskirche **Madonna della Lacona** aus dem 16. Jh. Entlang der Straße von Lacona nach Marina di Campo befindet sich bei der Ruine einer alten Windmühle ein **Ausgrabungsgebiet** mit Überresten von frühgeschichtlichen und etruskischen Schmelzöfen, die hier entdeckt wurden. Das **Museum „Alfeo Ricci"** zeigt Sammlungen verschiedener Erze, die alle auf Elba vorkommen.

Spazierwege und Wanderungen

Auf den Monte Calamita (412 m), der die höchste Erhebung der stark gegliederten, gleichnamigen Halbinsel bildet und reich an Eisenlagern und -gruben ist. – Von Lacona aus kann man an der hufeisenförmigen Bucht in ca. 2 Std. zur westlichen Begrenzung des Golfes von Lacona, dem Capo Fonza, wandern. Die östliche Begrenzung der Bucht, das Capo Stella, ist in etwa 2 Std. zu erreichen.

MARCIANA BC 2

Gemeinde, Provinz Livorno, Einwohner: 2.200, Höhe: 375 m, Postleitzahl: 57030. **Auskunft:** Gemeindeamt/ Municipio. **Bahnstation:** Piombino (45 km) auf dem Festland. **Bergbahn:** Kabinenbahn auf den Monte Capanne.

Marciana ist ein ursprüngliches Bauerndorf, dessen steile, kurvenreiche Zufahrtsstraße einen eindrucksvollen Blick auf die Umgebung, hinunter zur Nordküste und hinauf zum Gipfel des Monte Capanne, gewährt. Marciana und die Gegend um den Monte Giove gilt auch als das älteste Siedlungsgebiet auf Elba, das schon in der Frühgeschichte bewohnt war. Der Name Marciana geht auf eine römische Gründung mit Namen Marcius zurück. Nach der Herrschaft der Republik Pisa war Marciana in der Zeit von 1399 – 1634 Sitz des Herrschergeschlechts der Appiani, die den westlichen Teil von Elba kontrollierten. Das Dorf liegt am Nordabhang des Monte Capanne, der mit seinen 1.009 m die höchste Erhebung der Insel Elba darstellt. Die eindrucksvollen, jahrhundertealten Kastanienbäume in der Umgebung von Marciana dienten bei Hungersnöten der Bevölkerung auch als willkommene Nahrungsquelle. Die Ortschaft Marciana besitzt ein autofreies Ortszentrum mit vielen engen, hortensiengeschmückten Treppengassen und liegt längs der Straße, die zwei bedeutende Küstenabschnitte der Insel über den Monte Perone miteinander verbindet. Zur Gemeinde gehören noch die Orte Poggio, Procchio, Sant'Andrea, Patresi, Chiessi und Pomonte.

Sehenswert im Ort und in der Umgebung

Die **Festung** wurde im 12. Jh. unter der Herrschaft der Republik Pisa erbaut und bot der Bevölkerung Schutz bei den zahlreichen Piratenüberfällen jener Zeit. In der Nähe der Festung liegt das **Archäologische Museum**, das zahlreiche Fundstücke aus der Umgebung zeigt. Die Kirche **San Lorenzo** ist ein romanischer Bau, der 1554 von den Türken zerstört wurde. Heute ist die Kirche ein nationales Denkmal und gilt als eines der ältesten Bauwerke auf Elba. Die Wallfahrtskirche **Madonna del Monte** aus dem Jahr 1595 liegt am Abhang des Monte Giove auf einem malerischen Pilgerweg mit den zwölf Leidensstationen Christi. Die Kirche birgt in ihrem Inneren einige interessante Votivgaben. Auch Napoleon hat sich im Spätsommer des Jahres 1814 zusammen mit der Gräfin Walewska zwei Tage in der nahegelegenen Einsiedelei der Kirche aufgehalten. Am 15. August findet von Marciana aus eine Wallfahrt auf dem Passionsweg zur Kirche statt. Nicht weit davon, an der Straße von Poggio zum Monte Capanne, steht das Kirchlein **San Cerbone**, eine alte Wallfahrtsstätte. Die kleine Ortschaft **Poggio** liegt am Hang des Monte Capanne und ist wie Marciana von schattigen alten Kastanienbäumen umgeben. Auf dem kleinen Dorfplatz steht die Kirche **San Niccolò** aus dem 7. Jh., die im 16. Jh. zum Schutz gegen Piraten mit einer wehrhaften Mauer umgeben wurde. Sehenswert ist die Kirche **San Defendente** (16. Jh.), die jedoch meist geschlossen ist. Nicht weit vom Ort entspringt die **Napoleon-Quelle** (Fonte di Napoleone), die auch heute noch kommerziell genutzt wird. Bekannte Badeorte sind die Gemeindeteile **Chiessi**, **Pomonte**, **Patresi** und **S. Andrea** an der Westküste der Insel sowie **Procchio** an der Straße nach Portoferraio. Von Procchio aus erreicht man auf dem Monte Castello die **Mauerreste** einer etruskischen Siedlung , die unter dem Pflaster aus römischer Zeit ausgegraben wurden. Diese Etruskersiedlung diente wohl einst zur Verteidigung der Ebene von Campo, außerdem wurde Eisen in den Schmelzöfen gewonnen.

Wanderung

Auf den Monte Capanne (1.009 m), der wegen seiner weiten Aussicht auch die „Terrasse des toskanischen Archipels" genannt wird. Er ist im Sommer mit einer Kabinenbahn erreichbar. Ansonsten führen Wanderwege von den Ortschaften Marciana und Poggio auf den Gipfel.

MARCIANA MARINA — C 2

Gemeinde, Provinz Livorno, Einwohner: 1.850, Höhe: 3 m, Postleitzahl: 57033. **Auskunft**: Gemeindeamt/Municipio. **Bahnstation**: Piombino (39 km) auf dem Festland.

Marciana Marina befindet sich etwa 18 km westlich von Portoferraio an der gleichnamigen Bucht und kann über eine aussichtsreiche Küstenstraße erreicht werden. Der Ort wurde ursprünglich als Hafen für den befestigten Bergort Marciana gegründet, erlebte einen Aufschwung nach dem Ende der Piratenüberfälle im 17. Jh. und wurde im Jahr 1884 zur eigenständigen Gemeinde erhoben.

Sehenswert im Ort und in der Umgebung

Der zylinderförmige Turm **„Torre Medicea o Saracena"** beherrscht als Wahrzeichen von

Hafen von Marciana Marina/Il porto di Marciana Marina

Marciana Marina den kleinen Hafen. Dieser Turm diente zusammen mit anderen Türmen längs der Küste als eine Art „Frühwarnsystem", um die Bevölkerung rechtzeitig vor den Piratenüberfällen warnen zu können. Die Bauzeit des Turms geht mit Sicherheit auf die Republik Pisa zurück (12. Jh.), wurde aber auch als Bauwerk der Medici angesehen. Der Eingang zum Turm liegt etwas erhöht. Auf dem Hauptplatz befindet sich die barocke Pfarrkirche **Santa Chiara**. Von hier aus wird in der alljährlichen Prozession am 12. August die Statue der heiligen Chiara zum Hafen gebracht.

Spazierwege und Wanderungen
Entlang der Küste und im Hinterland.

PORTO AZZURRO H 3

Gemeinde, Provinz Livorno, Einwohner: 2.950, Höhe: 2 m, Postleitzahl: 57036. **Auskunft**: Gemeindeamt/Municipio; Agenzia Viaggi Mantica, Piazza Matteotti 13; Ufficio Turistico Arrighi, Banchina IV Novembre 23. **Bahnstation**: Piombino (34 km) auf dem Festland.

Porto Azzurro ist nach Portoferraio der größte Hafen von Elba. Der Ort war bis 1947 unter dem Namen Porto Longone (= länglicher Hafen) bekannt, den man aber in Porto Azzurro umänderte, um so die unliebsame Verbindung zur gleichnamigen Strafanstalt, die seit 1858 in der Festungsanlage untergebracht ist, abzustreifen. Die italienische Redewendung „einen Besuch in Porto Longone machen" ist gleichbedeutend mit „ins Gefängnis gehen" und damit nach Meinung der Einwohner für das Ansehen der Stadt nicht gut. Das hier in der Bucht besonders blaue Meerwasser vor dem Hintergrund der bewaldeten Hügel stand Pate für den unverfänglicheren, neuen Namen, der sich auch touristisch besser vermarkten lässt. Porto Azzurro verkörpert mit seinen vielen auf Stelzen über dem Hafen stehenden Fischrestaurants wohl den typischsten Fischerort auf der Insel.

Sehenswert im Ort und in der Umgebung

Die Festung **Forte Longone**, auf dem Hügel über der Bucht, wurde im Jahre 1603 von Don Garcia da Toledo auf Veranlassung von Philipp III. von Spanien errichtet. Die meterdicken Mauern hinter dem Burggraben erinnern an die Zitadelle von Antwerpen. Die Festung wurde 1858 zu einer heute noch bestehenden Strafanstalt umgewandelt, die flächenmäßig die größte Strafanstalt Italiens ist. Direkt am Hafen liegt die schöne **Piazza Matteotti**, etwas davon entfernt steht die **Pfarrkirche** und daneben die **Cappella del Santo Cuore di Maria**, die 1727 vom Spanier Diego d'Alarcon erbaut wurde. Das **Piccola Miniera**, ein kleines Bergwerk, das als Touristenattraktion an die bergbauliche Tradition von Elba erinnert. Es wurde ein 250 m langer Stollen nachgebaut und mit Originalgegenständen ausgestattet. In den Mineraliengeschäften an der Straße können typische Mineralien von der Insel gekauft werden.

Am südlichen Beginn des Golfes von Mola steht das **Forte Focardo**, das im Jahre 1678 vom spanischen Gouverneur Don Ferdinando Gioacchino Foscardo erbaut wurde. Im Laufe der Zeit wurde das „s" im Namen vergessen. Heute steht die Befestigung unter der Verwaltung der Marine und kann deshalb nicht besichtigt werden. Östlich von Porto Azzurro liegt der hübsche Strand **Spiaggia del Barbarossa**. Das Heiligtum **„Santuario della Madonna di Monserrato"** unterhalb des Monte Castello, etwa 1 km von Porto Azzurro an der Straße nach Rio Marina gelegen, wurde im Jahre 1606 vom spanischen Gouverneur von Porto Longone, José Ponce de Leon, erbaut. Es birgt in seinem Inneren eine Reproduktion der berühmten „Schwarzen Madonna", die in Montserrat, etwa 60 km nordwestlich von Barcelona verehrt wird. Der alljährliche Festtag der Schwarzen Madonna ist der 8. September. Sehenswert ist auch der grünschimmernde See **„Laghetto di Terranera"** nordöstlich von Porto Azzurro. Er hat sich über dem aufgelassenen Tagebau einer Pyritgrube durch den Zufluss einer Süßwasserquelle gebildet.

Spazierweg

Zur Wallfahrtskirche Madonna di Monserrato.

PORTOFERRAIO FG 2

Gemeinde, Provinz Livorno, Einwohner: 11.900, Höhe: 4 m, Postleitzahl: 57037. **Auskunft:** Azienda di Promozione Turistica dell'Arcipelago Toscano, Calata Italia 26. **Bahnstation**: Piombino (20 km) auf dem Festland.

Portoferraio ist der Hauptort der Insel Elba. Er dehnt sich in beherrschender Lage über der gleichnamigen Reede aus. Bereits zur Römerzeit war der Ort als „Fabricia" bekannt und vor allem wegen seiner natürlichen sicheren Hafenanlage, die den römischen Schiffen Schutz bot, sehr beliebt. Später erhielt der Ort den Namen „Feraia". Im 16. Jh. wurde die Stadt unter den Medici in „Cosmopoli", zu Ehren des Herzogs Cosimo I., umbenannt. Ab 1548 wurde mit der Errichtung der beiden imposanten Festungen Forte Stella und Forte Falcone begonnen, die bereits 1552 fertiggestellt waren. Napoleon ließ sich während seines Exils in Portoferraio den Palast Villa Mulini errichten und veranlasste den Bau neuer Straßen und die Revitalisierung des Eisenerzabbaus. Ende des 19. Jh. brachten die Hochöfen einen wirtschaftlichen Aufschwung, der mit der Bombardierung der Anlagen im Zweiten Weltkrieg endete und eine Periode der Abwanderung einleitete, die erst wieder mit der Entwicklung des Tourismus gestoppt werden konnte.

Sehenswert im Ort und in der Umgebung

Der alte, hufeisenförmige Hafen **Darsena** wird von einer schönen Promenade umschlossen. Am Hafenende befindet sich der Wehrturm **Torre della Linguella,** im Jahr 1548 errichtet, und wegen seiner Form auch Torre del Martello („Hammerturm") genannt. Im ehemaligen Salzmagazin ist das **Museo Civico Archeologico** (Archäologisches Museum) untergebracht, in dem die Geschichte Elbas vom 8. Jh. v. Chr. bis zum 2. Jh. n. Chr. mit vielen Exponaten dargestellt wird. Sehenswert ist die **römische Villa** am Meer mit den Mosaikresten unterhalb der Mauer. Durch das Stadttor **Porta del Mare**, das sich exakt am Scheitelpunkt des Hafens befindet, betritt man die Altstadt von Portoferraio. Reste der Stadtmauer aus der Medicizeit, die die Altstadt umgaben, sind noch erhalten. Am östlichen Ende der langgestreckten Piazza Cavour befindet sich die Markthalle **Le Galeazze**, das ehemalige Marinearsenal und Stapelhaus der toskanischen Flotte. Im **Rathaus** ist der Innenhof mit den vielen Marmortafeln sehenswert. Im dritten Stock des Rathauses ist die **Foresi-Bibliothek** mit 27.000 Bänden über die Geschichte der Insel untergebracht. Auf der schönen Piazza Repubblica vor dem Rathaus ließ Napoleon seine 1000 Mann starke Privatarmee exerzieren, damals hieß der Platz Piazza d'Armi („Waffenplatz"). In der Nähe des Rathauses steht die **Chiesa del SS. Sacramento**, die 1551 von den Medici erbaut und im 2. Weltkrieg schwer zerstört wurde. Die **Pfarrkirche** stammt aus dem 16. Jh. und erhielt im 18. Jh. eine orangerote Fassade, die an Florentiner Renaissancekirchen erinnert. Das ehemalige Franziskanerkonvent stammt aus dem 16. Jh. und diente im 18. Jh. als Kaserne. Heute sind hier das Kongresszentrum **Centro Comte de Laugier**, benannt nach einem Offizier aus der Garde Napoleons, untergebracht und die einzige Gemäldegalerie Elbas, die **Pinacoteca Foresiana**. Die Kunstkollektion der Familie Foresi, die 1914 der Gemeinde Portoferraio von Ma-

Jachthafen von Portoferraio/Yachts a Portoferraio

rio Foresi geschenkt wurde, umfasst etwa 500 Bilder, vor allem Malereien aus dem 19. Jh. Da die Restaurierung des Gebäudes noch nicht abgeschlossen ist, liegen über 300 Bilder im Depot verwahrt. Im Erdgeschoss finden wechselnde Ausstellungen statt. Die **Chiesa della Misericordia** wurde im Jahre 1677 erbaut und von Napoleon bis zur Fertigstellung des Teatro dei Vigilanti als öffentliches Theater zweckentfremdet. Heute befindet sich neben der Kirche ein kleines **Napoleon-Museum** mit einigen Erinnerungsstücken wie der Hand- und Totenmaske Napoleons, der Originalfahne des Kaisers auf Elba mit den drei goldenen Bienen. Die mächtigen Bauwerke der Medici-Festungen **Forte Falcone**, **Forte Stella** und **Forte Linguella** zeugen von der einst strategisch wichtigen Bedeutung des Ortes für die Insel und den gesamten Toskanischen Archipel. Das Forte Stella („Sternfestung") im Osten hat einen fünfzackigen, sternförmigen Grundriss und diente in den Jahren 1814/1815 als Quartier für die Garde Napoleons. Von der Festung gelangt man zur kleinen Anlage **„Palazzina dei Mulini"**, der Winterresidenz Napoleons mit einem herrlichen Ausblick auf das Meer. Im Inneren des Hauses ist ein Museum mit vielen Erinnerungsstücken an Napoleon eingerichtet. Sehenswert ist die Original-Einrichtung aus der Zeit und die Bibliothek Napoleons. Das Forte Falcone („Falkenfestung") ist heute Sitz der Militärmarine, aber die Bastionen und Wehrmauern sind zugänglich und bieten einen schönen Blick über die Stadt.

Etwa 5 km von Portoferraio entfernt, befindet sich im gleichnamigen Tal die **Villa di San Martino**, die ebenfalls mit Napoleon in Verbindung steht. Das einfache Landhaus wurde Napoleon von seiner Schwester Pauline geschenkt. Auch hier sind im ersten Stock des Landsitzes acht schön dekorierte Zimmer mit zahlreichen Malereien, Fresken und anderen Gegenstände aus der Zeit Napoleons zu sehen. Neben der Villa befindet sich der **Demidoff-Palast** und die Galerie, die bis vor einiger Zeit noch eine Gemäldesammlung beherbergte. Für beide Gebäude gilt die selbe Eintrittskarte. Von der Villa führt eine kleine Straße zum **Ausgrabungsgebiet** auf dem Colle San Martino, wo zahlreiche Funde aus der Zeit um 1000 v. Chr. gemacht wurden. Die Kirchen **Reverenda Misericordia** und **Santissimo Sacramento** bieten sehr viele Kunstwerke und Kostbarkeiten. In **Le Grotte** stehen die Reste einer **römischen Villa** aus der Kaiserzeit. Bei Magazzini liegt auf dem Gelände des Campingplatzes Rosselba Le Palme der **Palmengarten Ottone**, der zu den schönsten Parks auf Elba zählt. Er wurde im Jahre 1910 angelegt und zeigt auf ca. 2 ha Fläche viele exotische Bäume und Pflanzen aus Afrika, Lateinamerika und Asien. Die Attraktion der Ortschaft **Acquabona** ist der gut ausgestattete 9-Loch-Golfplatz. Die Gemeindeteile **Scaglieri** und **Biodola** sind vielbesuchte Badeorte. Sehr lohnenswert ist ein Ausflug zum **Capo d'Enfola** mit der steil abfallenden Küste und der einzigartig schönen Landschaft.

Wanderungen

Auf den Colle Reciso (327 m) und den Monte Orello (349 m), die beide herrliche Aussichtsberge sind.

RIO MARINA — I 2

Gemeinde, Provinz Livorno, Einwohner: 2.700, Höhe: 10 m, Postleitzahl: 57038. **Auskunft**: Gemeindeamt/ Municipio. **Bahnstation**: Piombino (46 km) auf dem Festland.

Rio Marina liegt an der Ostküste der Insel. Der Ort konnte sich bis heute seinen mittelalterlichen Charakter bewahren. Rio Marina war einst der Hafen von Rio nell'Elba, das zum Schutz vor Sarazenenüberfällen auf den Bergen angelegt wurde. Bis 1982 wurde im Hafen von Rio Marina das Eisenerz nach Piombino zur weiteren Verarbeitung verschifft.

Sehenswert im Ort und in der Umgebung

Der über 500 Jahre alte, etwa 30 m hohe, achteckige Wehrturm **Torre Cinquecentesca** bewacht den Hafen. Er wurde von der Familie Appiani im Jahre 1534 zum Schutz des Ortes errichtet. Das kleine Türmchen mit der Uhr wurde im Jahre 1882 dazugebaut. Im Palazzo della Concessionaria befindet sich das **Museo dei Minerali Elbani e delle Miniere** (Mineralienmuseum). Öffnungszeiten: Juli und August 9.30 – 12.30, 16.30 – 19.30 und 21 – 23 Uhr, März – Juni und September und Oktober 9.30 – 12.30 und 15.30 – 18.30 Uhr. Das Museum veranstaltet auch Führungen in die aufgelassenen Erzbergwerke von Rio Marina. Informationen unter 0565/962088. Der Wachturm **Torre del Giove** auf dem gleichnamigen Berg wurde 1460 errichtet und sollte vor Überfällen von Piraten warnen.

In der näheren Umgebung von Rio Marina liegen zahlreiche **Bergwerke**, die mit einer Besuchserlaubnis (vorher beim Direktor der Bergwerke Italsider in Rio Marina einzuholen) besichtigt werden können. In **Cavo**, nördlich von Rio Marina, sind die Reste einer **römischen Villa** zu sehen, die jedoch nicht so prächtig ausgestattet ist wie die „Villa romana delle Grotte" in Portoferraio, obwohl beide aus der gleichen Zeit (1. Jh. n. Chr.) stammen. Außerdem erinnert eine Gedenktafel am Ortseingang an den Aufenthalt von Garibaldi im Jahre 1849.

Spazierweg

Auf den Monte Giove (351 m) mit dem gleichnamigen Wachturm. Vom Parkplatz an der Straße führt ein Pfad in ca. 30 Min. durch die Macchia zum Turm.

RIO NELL'ELBA — H 2

Gemeinde, Provinz Livorno, Einwohner: 900, Höhe: 178 m, Postleitzahl: 57039. **Auskunft**: Gemeindeamt/ Municipio. **Bahnstation:** Piombino (44 km) auf dem Festland.

Rio nell'Elba ist ein geschichtsträchtiges und idyllisch gelegenes Dörfchen im Zentrum des Erzgebietes. Es hat sich zu einem beliebten Ausflugs- und Ferienort auf Elba entwickelt.

Sehenswert im Ort und in der Umgebung

An der **Pfarrkirche S. Quirino** sind noch die Wehrmauern aus dem 16. Jh. zu erkennen. Die Kirche selbst wurde bereits im 11. Jh. von den Pisanern erbaut und wurde bei den zahlreichen Überfällen mehrfach zerstört. Die **Kirche Santa Caterina** steht am Fuße des Monte Serra. Sie kann vom Ort aus leicht erreicht werden. Der **Torre del Giove** (Zeus-Turm) steht auf dem gleichnamigen Berg und wurde im Jahre 1460 zur Warnung vor Piratenüberfällen errichtet. Oberhalb der Straße, die von Magazzini nach Rio nell'Elba führt, befinden sich die Reste der **Burg Volterraio** (Castello del Volterraio), die von den Pisanern im Jahre 1284 zum Schutz der Bevölkerung vor den ständigen Piratenüberfällen erbaut wurde. Von dort genießt man ein herrliches Panorama über Portoferraio.

Spazierwege und Wanderungen

Auf den Monte Capannello (402 m) und die Cima del Monte (516 m). Zwischen den beiden Bergen führt die Fahrstraße nach Magazzini und zweigt zur Burg Volterraio (395 m), dem weithin sichtbaren Wahrzeichen von Elba ab. Vorsicht ist beim Aufstieg geboten, ohne festes Schuhwerk kommt man auf dem Pfad leicht ins Rutschen. Im Hochsommer sollte man die Tour in den Morgenstunden oder am späten Nachmittag unternehmen, um unnötiges Schwitzen in der sommerlichen Hitze zu vermeiden.

WOCHENMÄRKTE AUF ELBA

Diese Wochenmärkte bieten je nach Jahreszeit alle Produkte der Insel an und sind sicher einen Besuch wert. Sie werden an folgenden Tagen abgehalten:
Montag in Rio Marina
Dienstag in Marciana Marina
Mittwoch in Marina di Campo
Donnerstag in Procchio und Capoliveri
Freitag in Portoferraio
Samstag in Porto Azzurro

WEITERE AUSFLUGSZIELE VON ELBA

Aufgrund seiner zentralen Lage innerhalb des Tyrrhenischen Meeres und nur wenige Kilometer von der Festlandküste entfernt, bildet Elba einen idealen Ausgangspunkt für interessante Tagesausflüge. Während der Saison besteht die Möglichkeit zu einem Schiffsausflug mit der Fähre oder dem Linienschiff nach **Bastia** auf der französischen **Insel Korsika**. Von Piombino aus können die Städte der Toskana besucht werden, die reich an Geschichte und Kunstdenkmälern sind. Besonders hervorzuheben sind vor allem die Ruinen der etruskischen **Nekropole von Populonia**, die gegenüber von Elba am herrlichen **Golf von Baratti** liegen, überragt von einer mittelalterlichen Burg. Das zwischen Follonica und Castiglione della Pescaia liegende **Punta Ala** bietet dem sportlich Interessierten vielfältige Betätigungsmöglichkeiten (Segeln, Reiten, Tennis). Unweit von Grosseto zeugen **Vetulonia** und **Roselle** von der etruskischen Vergangenheit der Orte. Etwas unterhalb von Grosseto, zwischen dem Meer und der Maremmeebene, umschließen die **Monti dell'Uccellina** ein Naturschutzgebiet von außergewöhnlicher Schönheit, das jedoch nur mit Erlaubnis zu besuchen ist. (Siehe Anschlussblatt KOMPASS-Wanderkarte 651 „Maremma – Argentario – Grosseto – Isola del Giglio"). Fährt man auf der „Aurelia" entlang weiter in Richtung Süden, vorbei an **Talamone** mit seiner

An der Westküste bei Pomonte/Sulla costa occidentale presso Pomonte

charakteristischen Feste, befindet man sich an der Abzweigung nach **Orbetello**. In diesem Gebiet ist ein Ausflug entlang des Vorgebirges des **Argentario** aufgrund seiner zahlreichen prachtvollen Ausblicke und der ungewöhnlich schönen Mittelmeervegetation zu empfehlen. Auf einer kurvenreichen Straße gelangt man zum **Monte Telegrafo**, von wo sich ein herrlicher Rundblick auf den Archipel und die darunterliegende Lagune von Orbetello bietet. Wer über genügend Zeit verfügt, sollte es nicht versäumen, einen kurzen Abstecher zur Insel **„Isola del Giglio“** zu machen (Fähre von Porto S. Stefano). Wer abwechselnd einen Meeres- und Bergaufenthalt genießen möchte, dem bietet der **Monte Amiata** mit seinen 1738 m Höhe ein ideales Gebiet für geruhsame Wanderungen inmitten von grünen jahrhundertealten Wäldern, von wo aus man an besonders klaren Tagen eine Sicht bis hinaus aufs Meer und auf den entfernten Apennin hat.
Das typische mittelalterliche Bild vieler toskanischer Dörfer kann man in **Massa Marittima** und **Suvereto**, nicht weit von Follonica, wiederfinden. In **Castagneto Carducci**, **Bolgheri** und **S. Guido** kann man eine von vielen Dichtern beschriebene Landschaft entdecken. Um mit einem außergewöhnlichen Erlebnis abzuschließen, sei auf die **„Colline Metallifere“** hingewiesen, wo in einem großen Gebiet, dessen Mittelpunkt **Larderello** ist, die vulkanische Tätigkeit durch Borquellen (werden für die Herstellung elektrischen Stroms verwendet) und durch die Nebenerscheinungen (Quellen, kochend heißer Schlamm und Fumarolen) noch deutlich spürbar ist.

Eine Möglichkeit zur Orientierung ist das **GPS (Global Positioning System)**. Mit einem GPS-Gerät kann man weltweit seine Position (Angabe in Koordinaten) bestimmen. Möglich ist dies durch Satelliten, die die Erde in etwa 20.200 km Höhe mit einer Geschwindigkeit von ca. 11.200 km/h umkreisen und laufend Signale senden. Verwendet man ein GPS, muss man das MapDatum und das zugrunde liegende Ellipsoid des jeweiligen Landes in Erfahrung bringen, weil man sonst falsche Koordinatenangaben erhält. Der Umgang mit einem GPS-Gerät verlangt allerdings ein sehr gutes Wissen im Kartenlesen und vor allem Übung im Handling.

TELEFON- UND FAXNUMMERN
DER FREMDENVERKEHRSÄMTER, GEMEINDEÄMTER ODER REISEBÜROS
NUMERO DI TELEFONO E DI FAX
DI ASSOCIAZIONI TURISTICHE, COMUNI O AGENZIE DI VIAGGIO

	Telefon/Telefono	Fax
Campo nell'Elba	0565/97 93 11 + 97 79 69	0565/97 69 21 + 97 79 69
Capoliveri	0565/96 76 11 + 93 55 51	0565/96 80 60
Marciana	0565/90 12 15	0565/90 12 16
Marciana Marina	0565/99 0 02 + 99 3 68	0565/90 43 21
Porto Azzurro	0565/92 16 11, 95 3 51 95 0 00	0565/95 4 43 +95 82 45
Portoferraio (APT Elba)	0565/91 46 71	0565/91 46 72
Portoferraio	0565/93 71 11	
Rio Marina	0565/96 20 04 + 92 40 87	0565/92 55 36 + 92 40 91
Rio nell'Elba	0565/94 34 11	0565/94 30 21

Alle Angaben ohne Gewähr! • Informazioni non garantite!

Wichtige Information für Karte und Führer!
Alle Angaben und Routenbeschreibungen wurden nach bestem Wissen gemäß unserer derzeitigen Informationslage gemacht. Die Wanderungen wurden sehr sorgfältig ausgewählt und beschrieben, Schwierigkeiten werden im Text kurz angegeben. Es können jedoch Änderungen an Wegen und im aktuellen Naturzustand eintreten. Wanderer und alle Kartenbenützer müssen darauf achten, dass aufgrund ständiger Veränderungen die Wegzustände bezüglich Begehbarkeit sich nicht mit den Angaben in der Karte decken müssen. Bei der großen Fülle des bearbeiteten Materials sind daher vereinzelte Fehler und Unstimmigkeiten nicht vermeidbar. Die Verwendung dieses Führers erfolgt ausschließlich auf eigenes Risiko und auf eigene Gefahr, somit eigenverantwortlich. Eine Haftung für etwaige Unfälle oder Schäden jeder Art wird daher nicht übernommen.